Carolin Philipps
Fledermäuse beißen nicht

AF203400

Carolin Philipps

Fledermäuse
beißen nicht

Mit Illustrationen von Sabine Scholbeck

Hase und Igel®

Für Lehrkräfte gibt es zu diesem Buch
ausführliches Begleitmaterial beim Hase und Igel Verlag.

Originalausgabe

© 2008 Hase und Igel Verlag GmbH, München
www.hase-und-igel.de
Lektorat: Patrik Eis, Karin Bawidamann
Druck: CPI – Ebner & Spiegel, Ulm

ISBN 978-3-86760-090-3
6. Auflage 2021

1

„Iiii! Wie sieht der denn aus?"

„Beißt der?"

„Na klar doch! Das ist ein Vampir! Und Vampire beißen, weil sie das Blut von Menschen trinken!"

„Cool! Wie Graf Dracula!"

Aufgeregte Schreie flogen durch die 6. Klasse der Grund-
und Gesamtschule Osterbrügge, nachdem Herr Piepke,
der Biolehrer, das erste Bild von seinem Laptop an die
Klassenzimmerwand geworfen hatte.

Alle starrten entsetzt auf das Tier, das ihnen aus kleinen, zusammengekniffenen Augen und mit gefletschten
Zähnen entgegenblickte. Marie hatte sich in der ersten
Reihe so erschrocken, dass sie aufsprang und nach hinten
rannte, wo sie sich ängstlich auf einen leeren Stuhl setzte.

„Mir ist mal im Urlaub so'n Viehzeug fast gegen den
Kopf geflogen!", rief Bernd und schüttelte sich.

Bevor sich die Klasse von ihrem Schreck erholt hatte,
drückte der Lehrer schon auf eine Taste und im nächsten
Augenblick flatterte eine weitere, fast menschengroße
Zwergfledermaus über die Wand. Sie sah so lebendig aus,
dass die Schüler in der ersten Reihe automatisch in De-
ckung gingen.

„Ich will hier nicht mehr sitzen!", jammerte Monika.
Als sie aufspringen wollte, um nach hinten zu Marie zu
laufen, stellte sich Peter ihr in den Weg. Er hob die Arme
und umflatterte sie wie eine Fledermaus. Dabei fletschte
er die Zähne.

„Ich rieche Blut!", rief er mit dunkler Stimme. „Menschenblut!"

Monika kreischte auf, rannte zu Herrn Piepke und versteckte sich hinter seinem Rücken. Peter flatterte weiter nach hinten zu Marie. Dort blieb er stehen und tat so, als wolle er sie beißen. Marie schrie auf, stieß Peter von sich und rannte zurück nach vorn. Peter verlor durch den Stoß das Gleichgewicht und fiel gegen Maries Nachbarin Paula.

„Auuuu!", kreischte sie. „Er hat mich gebissen!"

Und wirklich zeigten sich deutlich die Abdrücke von Peters Zähnen in Paulas Arm.

„Das war keine Absicht!", schrie Peter und sah ein wenig ängstlich zu Herrn Piepke herüber. „Marie hat mich geschubst."

„Warum beißt du dann nicht Marie?", beschwerte sich Paula und betrachtete die gerötete Einbissstelle.

„Der wollte dein Blut trinken!", rief Bernd. „Ich bin auch 'ne Fledermaus!" Er sprang auf und flatterte ebenfalls mit wilden Armbewegungen durch die Klasse.

Das war der Startschuss für das größte Chaos, das diese Klasse je gesehen hatte. Während die eine Hälfte Fledermaus spielte und möglichst viele Mitschüler beißen wollte, verkrochen sich die anderen unter den Tischen, den Stühlen und hinter dem Lehrer, der vergeblich versuchte, seine Schüler zu beruhigen, damit er seinen Unterricht fortsetzen konnte. Aber daran war nicht zu denken.

Normalerweise genügte ein Stirnrunzeln von Herrn Piepke und alle saßen brav da und hörten ihm zu, aber heute interessierte niemanden die gerunzelte Stirn des Lehrers, seine wilden Handbewegungen oder sein lautes Schimpfen.

Nur einer saß inmitten des ganzen Lärms still auf seinem Platz und schaute verwundert und ein wenig fassungslos auf seine Klassenkameraden: Moritz. Endlich kam einmal ein Thema im Biounterricht dran, das ihn wirklich interessierte, und dann so etwas!

Er nahm seine Brille ab, putzte sie sorgfältig mit einem Zipfel seines Pullovers und setzte sie wieder auf. Aber das Chaos um ihn herum sah auch mit gesäuberter Brille nicht anders aus. Und das alles wegen einer Fledermaus!

Er machte ein paarmal den Versuch, etwas zu sagen, brach aber immer nach dem ersten Wort hilflos ab. Schließlich stand er auf, packte sein Biobuch in den Rucksack, dann sein Heft und seine Federmappe, stellte seinen Stuhl auf den Tisch, nahm seine Jacke und ging leise durch die Tür aus der Klasse.

Er schloss die Tür hinter sich und holte tief Luft. Es war still im Flur und auf einmal wurde es auch still in der Klasse, die er gerade verlassen hatte. Was Herr Piepke nicht geschafft hatte, gelang Moritz mit seinem leisen Abgang. In der Klasse herumlaufen, quatschen, den Unterricht stören, das machte jeder immer wieder mal, aber noch nie hatte einer mitten in der Stunde einfach seine Sachen gepackt und war gegangen.

„Darf der das?", hörte Moritz Maries Stimme.

Was Herr Piepke antwortete, verstand Moritz nicht – aber es interessierte ihn auch nicht besonders. Er ging aus dem Schulgebäude, vorbei an seinem Klassenraum, wo seine Mitschüler am Fenster standen und ihm zuwinkten. Er beachtete sie nicht, ging weiter über den Schulhof in Richtung Schultor.

Herr Piepke öffnete ein Fenster und rief hinter ihm her: „Wo willst du hin, Moritz? Moooriiitz! Komm sofort zurück! Du kannst doch nicht einfach gehen!"

Moritz konnte.

Der Schulbus fuhr erst in zwei Stunden und so ging er den langen Weg nach Hause zu Fuß, obwohl die Mutter das verboten hatte. Seitdem auf der nahe gelegenen Autobahn die Maut eingeführt worden war, benutzten viele Laster die Dorfstraße, um nicht zahlen zu müssen. Und so donnerten täglich Hunderte von Lastwagen auf ihrem Weg in die Großstadt durch die viel zu enge Straße. Erst vor ungefähr einem Monat war ein Kind schwer verletzt worden, weil es zu nah am Bordsteinrand gegangen war. Proteste der Bürger waren bis jetzt ungehört verhallt und so hatten Moritz und seine Geschwister die strikte Anweisung, immer mit dem Schulbus zu fahren.

Zu Hause wurde er schon von seiner Mutter empfangen, die eigentlich um diese Zeit auf dem Erdbeerhof seiner Großeltern arbeitete. Herr Piepke hatte sie dort angerufen. Sie war verärgert. „Was soll das, Moritz Schulte? Ich muss mitten in der Arbeit nach Hause, nur weil mein Herr Sohn keinen Bock mehr auf Schule hat? Du kannst doch nicht einfach so weglaufen!"

Moritz schaute sie an und schwieg.

„Moritz, was soll das? Bist du krank? Hast du Fieber?" Sie legte ihm die Hand auf die Stirn. Nun war sie nicht mehr verärgert, sondern nur noch besorgt: „Meine Güte, Junge. Du bist ja ganz heiß. Moritz, was ist los?"

„Fledermäuse beißen nicht! Jedenfalls nicht die, die bei uns leben!", sagte Moritz und seine Stimme klang so wütend, dass die Mutter einen Schritt zurücktrat. Moritz ging an ihr vorbei die Treppe hinauf, in sein Zimmer.

Die Mutter sah ihm seufzend nach. Natürlich, es ging wieder mal um Fledermäuse!

9

Mit Moritz gab es eigentlich nie Probleme. Er war höflich, meistens fleißig, half ihr ohne zu murren, wenn sie ihn darum bat. Er war ein pflegeleichtes Kind – außer, wenn es um seine geliebten Fledermäuse ging.

Warum konnte er nicht einfach wie alle anderen Kinder Meerschweinchen, Hamster oder Kaninchen mögen? Auch einen Hund hätten sie noch angeschafft. Schließlich war der Garten groß genug und sie lebten ja nicht zuletzt deshalb auf dem Land, damit ihre Kinder mit Tieren aufwachsen konnten. Aber doch nicht ausgerechnet mit Fledermäusen!

„Sei froh, dass dein Sohn ein Hobby hat!", pflegte Moritz' Vater zu sagen. „Andere Kinder wissen mit ihrer Freizeit nichts anzufangen, unser Sohn dagegen ..."

„... möchte am liebsten eine Fledermauszucht im Gartenhaus anlegen. Und das findest du normal?" Moritz' Mutter jedenfalls konnte sich bessere Hobbys für einen Zwölfjährigen vorstellen.

Was sollte sie jetzt Herrn Piepke erzählen, der in der Schule auf einen Rückruf wartete und bestimmt wissen wollte, warum Moritz weggelaufen war? Fledermäuse beißen nicht! Na super! Diese Aussage konnte sie ihm wohl kaum als Erklärung für Moritz' Verhalten anbieten.

In diesem Moment klingelte das Telefon. Herr Piepke klang aufgeregt: „Ich mache mir Sorgen. Ist Moritz schon zu Hause?"

„Gerade angekommen."

„Na, da bin ich aber erleichtert. Und warum ist er weggelaufen? Ich hoffe, Sie haben ihm klargemacht, dass so ein Verhalten einfach unmöglich ist! Noch nie ist ein Schüler aus meinem Unterricht weggelaufen. Ich werde morgen ein ernstes Wort mit ihm reden. So geht das nicht!" Die Erleichterung des Lehrers war in Ärger übergegangen.

„Ja … also … gute Frage … Warum ist er weggelaufen … So genau weiß ich das auch noch nicht", sagte Moritz' Mutter. „Ich glaube, ihm geht es nicht gut. Vielleicht hat er Fieber. Ich melde mich heute Abend noch einmal. Es hat was mit Fledermäusen zu tun."

„Fledermäuse? Ach daher!", meinte Herr Piepke beruhigt, weil er glaubte, nun die Erklärung für Moritz' Verhalten gefunden zu haben. „Jetzt wird mir einiges klar! Wir haben heute in der Schule darüber gesprochen und ich habe Bilder gezeigt. Sie wissen doch, Fledermäuse sehen nicht besonders hübsch aus. Vielleicht hat er ja einfach nur Angst bekommen."

Für einen Moment schwieg die Mutter verblüfft. Dann fing sie an zu lachen.

Sie lachte und lachte und konnte gar nicht mehr damit aufhören.

„Frau Schulte? Frau Schulte!"

Die Mutter lachte weiter.

Irgendwann legte der Lehrer etwas befremdet auf.

Moritz' Mutter lachte immer noch. Moritz und Angst vor Fledermäusen! Ausgerechnet Moritz! Herr Piepke wusste offenbar noch nicht, dass in seiner Klasse ein Schüler saß, der mehr über Fledermäuse wusste, als man in einem Lexikon finden konnte.

2

„Scheiß Englischarbeit!" Mit diesen Worten setzte sich Moritz am nächsten Morgen an den Frühstückstisch, ohne auf seinen Vater zu achten, der ihn über den Rand seiner Zeitung verwundert ansah.

„Scheiß Englisch!", wiederholte Moritz.

Diesmal legte der Vater die Zeitung beiseite, nahm seine Brille ab und schaute seinen Sohn an. „So, mein Lieber. Das reicht für heute. Und jetzt das Ganze noch einmal: Marsch, zurück an die Tür, und dann kommst du wieder mit einem fröhlichen ‚Guten Morgen!' auf den Lippen. Es sei denn, du möchtest auf dein Frühstücksei verzichten!"

Brummelnd stand Moritz auf und ging zur Tür. Er hatte Hunger, großen Hunger. Seine Mutter machte gerade eine Salatdiät und so bekam die ganze Familie mehrmals in der Woche nur einen grünen Salat mit Paprikastreifen zum Abendessen. Das reichte nicht, wenn man den ganzen Nachmittag Fußball gespielt hatte. In der Nacht war er aufgewacht, aber zu müde gewesen, um in die Küche zu gehen und sich etwas aus dem Kühlschrank zu holen. Und so hatte er sich auf das Frühstück heute Morgen sehr gefreut: Brot mit Nussnugatcreme, Kakao und ein Frühstücksei.

Erst beim Zähneputzen am Morgen war ihm die Englischarbeit wieder eingefallen. Er hatte nicht eine Minute dafür geübt. Die Sonne hatte gestern so schön geschienen und Artur, sein bester Freund, hatte angerufen, ob er zum Fußballspielen komme, und, na ja, da hatte er die Englischarbeit eben vergessen.

Sein Vater konnte das Wort mit „Sch" am Anfang nicht ausstehen. Als Leiter eines Kindergartens achtete er auch bei seinen eigenen Kindern darauf, dass sie ohne Schimpfwörter auskamen. Moritz konnte eigentlich sogar froh sein, dass er keine weitere Strafe bekam.

„Guten Morgen, lieber Vater!", rief er und schaute sehnsüchtig zu den frischen Brötchen.

„Guten Morgen, Moritz!", antwortete sein Vater. „Hast du gut geschlafen?"

„Danke, ja!", sagte Moritz, setzte sich leise auf seinen Stuhl und griff nach einem Brötchen und seinem Messer. Er war erleichtert, dass weder seine Schwester Melanie noch sein älterer Bruder Maik am Tisch saßen. Die hätten jetzt was zu lachen gehabt.

Sein Vater nahm die Zeitung wieder auf, Moritz legte sein Buch auf den Tisch und schlug es auf.

„Englisch?", fragte sein Vater.

Moritz schüttelte den Kopf.

Der Vater griff über den Tisch nach Moritz' Buch und drehte es um. „Wie siedle ich Fledermäuse in meinem Garten an?" Er schaute ihn über seinen Brillenrand fragend an. „Du liebe Güte! Lass das lieber nicht deine Mutter sehen. Du weißt, dass sie diese Tiere nicht mag."

„Fledermäuse tun nichts", sagte Moritz empört. „Die sind total harmlos. In China sind sie sogar Glücksbringer. Der Gott des Glücks ist eine Fledermaus."

„Bravo!", meinte der Vater. „Aber wir sind nicht in China. Deine Mutter denkt bei Fledermäusen eher an Graf Dracula. Und Melanie träumt von Vampiren."

„Es gibt nur drei Fledermausarten, die Blut saugen. Die hier bei uns fressen eher Käfer und Stechmücken."

„Ich bin beeindruckt. Und in der Schule bekommst du sicher eine glatte Eins dafür. Aber hier holst du dir nur Ärger." Der Vater grinste Moritz an.

Moritz grinste zurück. Sein Vater war, abgesehen von seiner Großmutter, der Einzige in der Familie, der seine Liebe zu Fledermäusen verstehen konnte. Seine Mutter und seine kleine Schwester bekamen schon eine Gänsehaut, wenn sie das Wort Fledermaus nur hörten.

Seine Schwester weigerte sich sogar, sein Zimmer zu betreten. „Ich muss kotzen, wenn ich die Tür aufmache und die hässliche Maus an der Wand sehe!", sagte sie jedes Mal.

„Das ist keine Maus! Das ist der Große Abendsegler!", empörte sich Moritz dann. An den Wänden in seinem Zimmer hingen überall Fledermausposter: Zwergfledermäuse, das Braune Langohr und die Mopsfledermaus. Sein großer Traum war es, auf dem Dachboden ein Quartier für Fledermäuse zu bauen, aber dagegen hatte selbst sein Vater etwas.

Moritz mochte Tiere aller Art. „Hauptsache, sie haben irgendwo ein Wehwehchen", pflegte seine Mutter zu sagen. „Moritz kümmert sich um alles, was krank ist und Hilfe braucht." Ob es eine aus dem Nest gefallene Amsel war, eine streunende Katze, die er mit Milch versorgte, oder ein Igel, für den er im Garten Holzberge zum Überwintern aufschichtete. Sogar die Schnecken aus dem Salat rettete er vor dem Ertrinken im Spülbecken und setzte sie zum Entsetzen seiner Mutter im Blumenbeet vor dem Haus wieder aus.

Vor zwei Jahren hatte ihm Onkel Samuel von einem Urlaub in New Mexico/USA ein ganz besonderes Geschenk mitgebracht. In einer großen, unterirdischen Felshöhle wohnten über 200 000 Fledermäuse. Fasziniert hatte Moritz den Erzählungen seines Onkels gelauscht. Jeden Tag bei Sonnenuntergang kamen sie aus der Höhle herausgeflogen. Eine Stunde lang. Der Himmel war schwarz von ihnen. Für fünf Dollar hatte der Onkel in Moritz' Namen eine Fledermaus adoptiert und das kleine Tier auf den Namen Moritzbat getauft. Seit dieser Zeit war Moritz stolzer Vater einer Fledermaus.

Einmal hatte er gesehen, wie eine Gruppe Kinder auf dem Schulhof eine Fledermaus mit einem gebrochenen Flügel quälte. Sie stießen mit dem Fuß nach ihr und hätten sie sicher zertrampelt, wenn Moritz nicht dazwischengegangen wäre und sie gerettet hätte. Seine Großmutter, Oma Fliederbusch, die sich mit Fledermäusen auskannte, hatte das kleine Tier zusammen mit Moritz auf dem Erdbeerhof gepflegt, bis es wieder fliegen konnte.

„Und die Englischarbeit? … Moritz! Was ist mit Englisch?", unterbrach der Vater seine Erinnerungen.

Es dauerte eine ganze Weile, bis Moritz' Gedanken von den Fledermäusen zurück an den Frühstückstisch geflogen waren. „Äh … hm … Englisch?"

„Hast du nicht was von Englischarbeit gesagt?"

„Ach so, ja, die schreiben wir heute, wenn Frau Schneider nicht krank wird."

„Und das wollen wir ihr doch nicht wünschen, oder?" Der Vater sah Moritz stirnrunzelnd an. „Denn du hast dich sicher gut vorbereitet! Die letzte Arbeit war nicht gerade olympiareif."

Moritz schwieg. Er betrachtete sein Brötchen, biss hinein, kaute langsam darauf herum und hoffte, dass sein Vater weiter in der Zeitung las.

Aber der dachte gar nicht daran. Er schaute Moritz kopfschüttelnd an und sagte: „Es reicht nicht, in Bio eine Eins zu haben, Moritz. Auch die anderen Fächer sind wichtig."

„Ich hab's einfach vergessen."

Der Vater seufzte, aber bevor er noch etwas sagen konnte, kam die Mutter ins Zimmer. „Guten Morgen! Ausgeschlafen, Moritz?"

Moritz nickte und versuchte, sein Buch unter dem Tisch zu verstecken. Aber sie war schneller. Sie nahm es ihm aus der Hand und las die aufgeschlagene erste Seite laut vor: „Das Anlegen eines Fledermausbeetes bereitet größtes Vergnügen … Was?" Sie sah Moritz ungläubig an. Mit erhobener Stimme las sie weiter: „Wer möchte, dass in seinem Garten Fledermäuse leben, darf keine Pflanzengifte sprühen … Wie bitte? Wer will denn schon Fledermäuse im Garten haben? Moooritz, was ist das für ein Buch? Du planst doch nicht etwa, in meinem Garten …"

Moritz warf seinem Vater einen Hilfe suchenden Blick zu.

„Moritz möchte darüber ein Referat halten", sagte der Vater und zwinkerte Moritz zu. „Es ist nur Theorie. Niemand wird in deinem Garten ein Fledermausbeet anlegen. Total absurde Idee, nicht wahr, Moritz?"

Moritz nickte dankbar. Der Vater hatte nicht einmal gelogen. Er wollte tatsächlich ein Referat über Fledermäuse schreiben und hatte sich einige Bücher aus der Schülerbibliothek ausgeliehen. Obwohl er natürlich auch mit dem Gedanken gespielt hatte, einige der abgebildeten Wildkräuter hinten im Garten auszusäen, um Schmetterlinge und Falter anzuziehen, die dann wieder den Fledermäusen als Nahrung dienten.

„Außerdem", fuhr der Vater fort, „ziehen wir doch in ungefähr zwei Monaten auf den Erdbeerhof um. Da lohnt es sich nicht mehr, hier irgendwelche Blumen auszusäen, nicht wahr, Moritz?"

Moritz nickte und die Mutter wandte sich beruhigt ihrem Kaffee zu. Zum Glück ahnte sie nicht, dass der Umzug die Familie direkt in das schönste Fledermausparadies führen würde, das es in der ganzen Gegend gab …

In der ersten Stunde stand Bio auf dem Plan, eigentlich Moritz' Lieblingsfach, aber heute überlegte er für einen

Moment, ob er erst zur zweiten Stunde in die Schule gehen sollte. Er hatte keine Lust auf eine weitere Stunde Chaos, nur weil seine Mitschüler sich vor Fledermäusen fürchteten. Allerdings war er sicher, dass weder seine Mutter noch Herr Piepke dafür Verständnis haben würden, und so machte er sich ziemlich lustlos auf den Weg zur Schule.

Herr Piepke hatte aus dem Chaos des vergangenen Tages gelernt und hielt seinen Schülern zu Beginn der Stunde einen kleinen Vortrag über richtiges Benehmen: „Alle bleiben auf ihren Plätzen sitzen, niemand flattert in der Klasse herum oder beißt. – Und niemand verlässt die Klasse." Dies sagte er mit einem warnenden Blick Richtung Moritz.

„Vielleicht hat Moritz Angst vor Fledermäusen." Marie und ihre Freundinnen kicherten.

Moritz zuckte verächtlich mit den Schultern. Ausgerechnet Marie! Die war doch schon nach einer Sekunde in die letzte Reihe geflüchtet. Wütend sagte er: „Ich hab sogar eine Fledermaus adoptiert. Sie lebt in New Mexico in einer Höhle, da gibt es Tausende von ihnen. Und abends nach Sonnenuntergang kommen sie heraus und fliegen auf die Felder. Der ganze Himmel ist dann schwarz vor Fledermäusen."

„Ach!", machte Herr Piepke überrascht. „Dann bist du also ein richtiger Fledermauspapa. Vielleicht kannst du uns das nächste Mal ein wenig von deinem Fledermaussohn erzählen."

Moritz' Antwort ging im Gelächter der Klasse unter.

„Fledermauspapa!", schallte es ihm aus allen Richtungen entgegen. „Beißt er auch, dein Fledermaussohn?"

Moritz war sauer auf Herrn Piepke wegen dieser dummen Bemerkung. Fledermauspapa! Und auf seine albernen Mitschüler. Auf so eine Stunde hatte er echt keine Lust. Er stand auf, schnappte sich seinen Rucksack und wollte gerade wieder gehen, als er mit Peter zusammenstieß, der aufgesprungen war, um erneut als Fledermaus durch die Klasse zu flattern.

„Er soll mich nicht wieder beißen!", kreischte Paula.

„Ruhe! Alle hinsetzen!", überschrie Herr Piepke mit so lauter Stimme das sich abzeichnende Chaos, dass sich auch Moritz wieder auf seinen Platz setzte. Herr Piepke drohte einen Test an, wenn nicht augenblicklich alle den Mund hielten. Das wirkte.

„Wir werden uns auch in dieser Stunde mit der Fledermaus beschäftigen, aber ruhig und bitte jeder auf seinem Platz!" Dann teilte er ein Arbeitsblatt aus. „Moritz, lies vor!"

Moritz holte tief Luft und las: „Jedes vierte Säugetier auf der Erde ist eine Fledermaus. Es sind die einzigen lebenden Säugetiere, die fliegen können. Sie gehören zu den interessantesten, aber auch zu den am meisten gefährdeten Tieren bei uns. Das Gebiss mit seinen kleinen Schneide- und kräftigen Eckzähnen dient zum Packen und Festhalten von Beutetieren. Zum Knacken von Insektenpanzern haben Fledermäuse scharfe Backenzähne."

„Igitt! Und damit beißen sie auch Menschen! Das sind Vampire! Ich hab's ja gewusst!", schrie Monika mitten in Moritz' Text hinein.

„Und du bist eine dumme Kuh!" Das war Moritz, der jetzt endgültig die Nase voll hatte. „Fledermäuse fressen Insekten wie Spinnen oder Mücken, Fische, kleine Nagetiere, Vögel, Frösche und Eidechsen. Und ein Viertel aller Fledermäuse ernährt sich von Früchten. Nur drei Arten ernähren sich von Blut, aber nur von Tierblut, zum Beispiel von Kühen. Mücken sind Vampire, aber doch nicht Fledermäuse."

„Wo steht das denn?", jammerte Ben und drehte verwirrt sein Arbeitsblatt hin und her.

„Ich kann das auch nicht finden. Herr Piepke, wo sind wir?" Monika schaute wie der Rest der Klasse ratlos auf ihr Arbeitsblatt.

„Das steht nirgends!", sagte Moritz. „Das habe ich gesagt. Aber es stimmt."

„Das kann jeder sagen. Ich hab einen Film gesehen mit Graf Dracula. Der ist auch 'n Vampir und lebt in einem Schloss. Das steht auch nirgends. Aber es stimmt."

„Meine Oma sagt, gegen Vampire hilft nur Knoblauch. Das mögen sie nicht. Dann hauen sie sofort wieder ab und suchen sich neue Opfer."

„Und abends soll man nicht auf den Friedhof gehen. Die wohnen in den Gräbern und um Mitternacht öffnen sich die Gräber und die Vampire kommen heraus und suchen sich Menschenblut."

Erneut redeten alle durcheinander, bis Herr Piepke an die Tafel schrieb: *Test Nummer 3*. Schlagartig wurde es ruhig. Niemand schrieb gerne einen unangekündigten Test.

„Moritz hat recht!", sagte Herr Piepke, als sich alle wieder beruhigt hatten. „Vampire, das ist ein anderes Thema. Wir reden später mal darüber, denn da scheint mir 'ne Menge durcheinanderzugehen in euren Köpfen. Mit Fledermäusen hat das Ganze gar nichts zu tun. Fledermäuse haben bei uns zu Unrecht einen schlechten Ruf. Vor

Jahrhunderten sagten die Menschen sogar, Fledermäuse seien mit dem Teufel verwandt, daher ist auf manchen Kirchenbildern der Teufel mit Fledermausflügeln abgebildet."

„In China bringen sie Glück!", warf Moritz ein. „Da hat ein Gott Fledermausflügel."

„Einmal Teufel, einmal Gott", meinte Herr Piepke und nickte. „Früher glaubte man, Höhlen wären der Eingang in die Welt nach dem Tod. Weil Fledermäuse in Höhlen lebten, hielt man sie daher für unsterblich. In vielen Ländern der Welt behandelte man die Fledermäuse als heilige Tiere, weil man sie für die Seelen der Toten hielt. Ich schlage vor, wir schauen uns die Fledermaus einmal genauer an!"

Herr Piepke teilte die Klasse in Gruppen auf. Eine Gruppe beschäftigte sich mit den Zähnen der Fledermaus, eine andere mit den Flügeln, die dritte Gruppe bekam ein Arbeitsblatt zu den verschiedenen Wohnhöhlen und die vierte eines über die Aufzucht der Fledermauskinder. „So, Moritz, und du kümmerst dich mit deiner Gruppe um die Ohren der Fledermaus. Das ist das schwierigste Thema."

Moritz nickte erfreut, denn die Ohren waren auch der spannendste Teil einer Fledermaus. „Im Vergleich zum übrigen Körper sind sie sehr groß, denn mit den Ohren findet die Fledermaus ihren Weg im Dunkeln", erklärte er begeistert.

„Wieso mit den Ohren?", fragte Artur verblüfft. „Und die Augen? Hat sie keine Augen im Kopf?"

„Hat sie schon, aber damit kann sie kaum sehen. Das tut sie mit den Ohren."

Alle Kinder der Gruppe beugten sich über die Zeichnung, die Herr Piepke ausgeteilt hatte.

„Zuerst stößt sie durch ihren Mund oder durch die Nase ganz hohe Töne aus. Die Töne treffen dann auf ein Insekt oder auf einen Baum und werden zurückgeworfen."

„Kenn ich!", sagte Markus. „Ich war mal in den Bergen. Da kann man auch was rufen. Und das kommt dann als Echo zurück."

„Genau so", nickte Moritz. „Die Fledermaus nimmt mit ihren großen Ohren das Echo auf und weiß, wo die Fliege oder die Mücke sich aufhält."

„Hast du solche Töne schon mal gehört?"

Moritz schüttelte den Kopf. „Leider nicht. Man braucht ein extra Gerät dafür, so'n Detektor. Für uns Menschen sind die Töne zu hoch."

Am Ende der Stunde hatte Moritz seine Gruppe davon überzeugt, dass Fledermäuse ganz spannende Tiere waren, und so verließ er die Klasse an diesem Tag sehr zufrieden. Als er aus dem Schultor kam, bemerkte er seinen Bruder Maik, der eifrig auf zwei Mädchen aus der 4. Klasse einredete. Moritz sah, wie er ihnen Flugblätter in die Hand drückte.

„Hey, Maik!", rief Moritz und rannte auf seinen Bruder zu. „Was machst du denn hier? Hast du heute schulfrei?"

Maik drehte sich um, riss den beiden Mädchen die Flugblätter wieder aus der Hand und stopfte sie in seine Schultasche. „Weg mit euch. Geht nach Hause. Eure Mama wartet sicher schon", fuhr er die Mädchen an und wedelte dabei mit der Hand, um sie zu verscheuchen.

Verwundert sah Moritz ihm zu.

„Hab heute früher aus", sagte Maik etwas verlegen, nahm sein Fahrrad und stieg auf. „Aber sag Mutter nichts davon. Die denkt sofort, ich hätte geschwänzt."

Genau das dachte Moritz auch, aber er sagte nichts. Maik winkte ihm zu und fuhr davon, während Moritz an der Bushaltestelle auf den Schulbus wartete und über das merkwürdige Verhalten seines Bruders nachdachte.

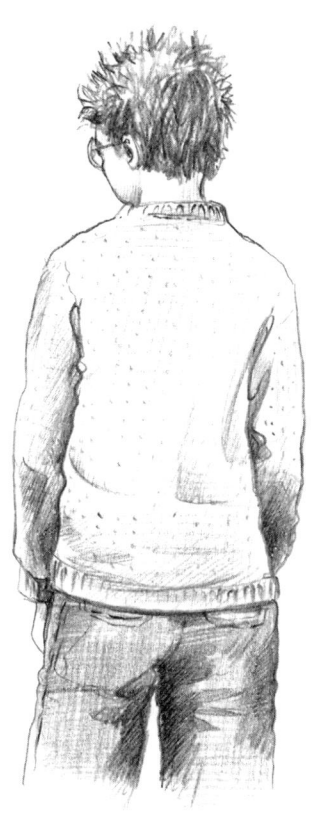

3

Zwei Tage später, am Wandertag der Schule, fuhr Moritz'
Klasse mit dem Bus in den nahe gelegenen Wildpark. Einige Schüler beschwerten sich, weil sie den Wildpark
schon im Kindergarten besucht hatten und jetzt lieber etwas „richtig Cooles" machen wollten. Meerschweinchen,
Hirsche und Hängebauchschweine hatten längst ihren
Reiz verloren. Aber Herr Piepke, der auch ihr Klassenlehrer war, überhörte die Proteste und führte seine Schüler
ganz gezielt in den hinteren Teil des Parks, wo sie vor
einem mittelgroßen Holzhaus stehen blieben.

„Stellt euch in Vierergruppen auf und dann geht die
erste Gruppe hier rechts durch die Eingangstür. Ihr folgt
dem Gang und kommt da hinten links wieder heraus. Im
Haus ganz ruhig verhalten. Kein Reden, kein Kreischen!
Wenn eine Gruppe wieder draußen ist, geht die nächste
hinein."

„Und wenn eine Gruppe nicht wieder herauskommt?"

Herr Piepke grinste. „Das wird nicht passieren, da bin
ich ganz sicher."

„Was ist denn da drin?"

„Fledermäuse!", sagte Ben, der das Schild neben der
Tür gelesen hatte. „Das ist das neue Fledermaushaus. Die
fliegen da frei rum, steht hier!"

„Da geh ich nicht rein!", rief Marie.

„Feigling!", schrie Peter.

„Wer Angst hat und auf keinen Fall reingehen will,
bleibt hier. Das ist in Ordnung. Aber es wäre schade. Es ist
wahrscheinlich für die meisten von euch die einzige Möglichkeit, frei fliegende Fledermäuse von so nah zu sehen."

„Da kann ich auch drauf verzichten", flüsterte Monika.

Eine Gruppe von drei Mädchen und zwei Jungen versammelte sich um Herrn Piepke, weil sie nicht mit in das Fledermaushaus wollte. Die anderen stellten sich in Vierergruppen auf.

Moritz war in der ersten Gruppe. Als er den großen, dunklen Raum betrat, konnte er zunächst nichts erkennen. Dann spürte er Bewegungen und Flügelschläge neben seinem Ohr.

Neben ihm schrie Bernd kurz auf. „Sieh mal, da!" Er zeigte mit dem Finger zu den Balken über ihnen. Mit dem Kopf nach unten hingen dort einige Fledermäuse und schliefen. Je mehr sich die Augen an das Dunkel gewöhnten, desto mehr Fledermäuse konnte man ausmachen. Ein paar vereinzelte waren ganz munter und flogen blitzschnell umher.

Es roch süßlich nach Bananen, die überall als Nahrung für die Fledermäuse auslagen. Abgesehen vom Getuschel der Kinder und den Flügelschlägen der Tiere war es ganz still. Moritz ärgerte sich. Er hatte sich zum letzten Geburtstag einen Detektor gewünscht, aber stattdessen einen Tennisschläger bekommen. Ein vergeblicher Versuch seiner Mutter, ihn von den Fledermäusen abzubringen.

Moritz wäre gerne noch geblieben, aber der Rest seiner Gruppe hatte alles gesehen. Die nächste Gruppe ging in das Haus, doch schon nach fünf Sekunden kamen die Ersten kreischend wieder herausgelaufen.

„Die hat mich angekackt!", schrie Beate und wischte an ihrem Anorak herum. „Diese Fledermaus hat einfach auf meine neue Jacke gemacht. Iih, wie das stinkt!" Sie fing an zu weinen.

Moritz betrachtete sie verächtlich. Der Kot von Fledertieren war viel zu hart. Er prallte an jeder Jacke ab. Wahrscheinlich war das nur ein bisschen ausgespuckter Fruchtsaft. Mädchen!, dachte er. Genau wie meine Schwester!

Herr Piepke verteilte daraufhin Papiertaschentücher, die sich jeder zum Schutz auf den Kopf legen konnte. Die Klasse war gespalten. Die einen fanden die Fledermäuse spannend, die anderen eklig. Das waren vor allem die, die trotz der Taschentücher noch etwas abbekamen.

Während Herr Piepke sich bemühte, alle wieder sauber zu machen, schlich Moritz ein weiteres Mal in das Haus. Ganz allein stellte er sich in eine Ecke und beobachtete, wie die Tiere herumflogen. Er würde ab jetzt sein Taschengeld sparen und in zwei Monaten bei der Erdbeerernte zusätzlich Geld verdienen. Dann konnte er sich selbst einen Detektor kaufen.

Auf einmal hörte er laute Rufe: „Moritz! Bist du hier? Moooritz!" Artur schaute in das Fledermaushaus. „Mensch, Moritz! Wir warten am Eingang vom Park auf dich. Herr Piepke ist stinksauer! Alle suchen dich!"

„Ich dachte, ihr seid noch vor dem Haus."

„Wir sind vor 'ner halben Stunde losgegangen. Wo warst du denn die ganze Zeit?"

Vor einer halben Stunde?, dachte Moritz erstaunt. Nie hätte er gedacht, dass er so lange im Fledermaushaus geblieben war.

Zusammen mit Artur rannte er zurück zum Eingang. Herr Piepke betrachtete ihn kopfschüttelnd und sagte nur: „Wenn du dich auf dem Rückweg auch nur einen Zentimeter von meiner Seite bewegst, kriegst du ein großes Problem."

Moritz seufzte. Er wusste, dass sein Lehrer am Nachmittag schon wieder bei ihm zu Hause anrufen und ein ernstes Gespräch mit seiner Mutter führen würde. Irgendwie lief in letzter Zeit alles schief.

Hausaufgaben waren nicht gerade Moritz' Lieblingsbeschäftigung. Aber er hatte gelernt, dass es besser war, sie zu machen, als einen Streit mit seiner Mutter zu riskieren. An diesem Abend suchte er nach seinem Aufgabenheft, das sich offenbar in Luft aufgelöst hatte. Er wusste genau, dass er es in sein Matheheft gelegt hatte, denn Mathe hatten sie in der letzten Stunde gehabt und er hatte die Seite mit den Aufgaben von der Tafel abgeschrieben.

Moritz ärgerte sich. Jetzt hatte er schon eine Viertelstunde mit der Suche verbracht und noch nicht eine Aufgabe erledigt. Schließlich kippte er den Inhalt seiner Schultasche auf den Teppich und stocherte wütend in dem Chaos aus Heften, Büchern und Mappen herum. Bioheft, Mathebuch, Vokabelheft … alles da, nur kein Aufgabenheft.

In diesem Moment kam Maik ins Zimmer. Moritz traute seinen Augen nicht: In der Hand hielt sein Bruder das vermisste Aufgabenheft!

Maik betrachtete das Chaos auf dem Boden und fragte erstaunt: „Was machst du denn hier?"

Moritz platzte fast vor Wut. „Ja, was wohl? Was machst *du* mit meinem Aufgabenheft? Hast du meine Matheaufgaben gemacht?"

Maik schüttelte den Kopf. „Das Heft? Ja, also … das hab ich auf der Treppe gefunden. Ist dir wohl aus der Schultasche gefallen."

Moritz schaute seinen Bruder verwundert an. Aus der Schultasche gefallen? Auf der Treppe? Seine Tasche hatte er erst hier im Zimmer geöffnet. Also musste Maik sein Heft aus der Tasche geholt haben. Aber warum?

„Moritz! Bist du mit den Hausaufgaben fertig?" Seine Mutter kam ins Zimmer. „Du liebe Güte! Wie sieht es denn hier aus?"

„Maik hatte mein Aufgabenheft."

„Ich hab's auf der Treppe gefunden! Und dann ist das hier rausgefallen. Habt ihr euch die Namen mal genau angesehen?" Er hielt eine Liste mit Namen hoch.

„Meine Klassenliste?", fragte Moritz. „Suchst du 'ne neue Freundin? Aus meiner Klasse? Bisschen jung für dich, oder?" Moritz musste kichern. „Ich empfehle dir Marie. Oder Beate, die ist nicht so frech."

„Blödmann!" Maik war verlegen. Er hielt die linke Hand, in der sich ein zweites Blatt Papier befand, hinter seinem Rücken versteckt.

Aber Moritz, der glaubte, sein Bruder hätte eine Seite aus dem Heft genommen, riss ihm das Blatt aus der Hand. Es war eine Liste mit Namen, die ihm bekannt vorkamen: Namen von Mitschülern aus seiner Klasse, die Maik offenbar von der Klassenliste abgeschrieben hatte. Erstaunt las Moritz vor: „Maria Gonzalez, Hamid Özgen, Paula Wieszniewsky ..."

Die Mutter nahm Moritz die Liste aus der Hand und las weiter: „Mikal Kraszkiewicz, Diana Baclawski, David Agyekum ... Was willst du mit diesen Namen, Maik?"

„Das ist meine Sache – und meine Liste", sagte Maik mit Nachdruck und wollte der Mutter das Papier wieder wegnehmen.

„Erst wirst du mir sagen, warum du die Namen von Moritz' Klassenliste abgeschrieben hast. Warum diese und nicht Lukas Schröder oder Julia Hartmann?"

„Ja, warum wohl nicht?", fragte Maik wütend. „Hast du eigentlich gewusst, dass von den 25 Kindern in Moritz' Klasse 14 ausländische Namen haben?"

Die Mutter nickte. „Sicher doch. Und die meisten Mütter oder Väter mit den ausländischen Namen kenne ich von den Elternabenden und vom Elternstammtisch."

„Machst du dir keine Gedanken, wie Moritz in der Schule etwas lernen soll, wenn die Hälfte seiner Mitschüler nicht richtig Deutsch spricht?"

Die Mutter lachte. „Woher willst du wissen, wie gut sie Deutsch sprechen? Weil sie einen ausländischen Namen haben? Das sagt gar nichts. Paula zum Beispiel ist hier geboren und ihre Mutter spricht so gut Deutsch wie du und ich."

„Und Hamid?"

„Der ist erst ein halbes Jahr hier, aber er spricht jeden Tag etwas besser."

„Ha, aber ich wette, der Lehrer muss ihm alles dreimal erklären, bis der was kapiert. Die Zeit könnte er besser für die deutschen Kinder verwenden."

Moritz tippte mit dem Finger gegen seine Stirn. „Du bist ja total plemplem! Oder? Der spinnt doch, der Maik." Er schaute seine Mutter grinsend an.

Aber die fand die Diskussion gar nicht komisch. Im Gegenteil, sie wirkte auf einmal sehr besorgt. „Sag mal, Maik: Wie kommst du auf solche Ideen? Steckt Florian dahinter?"

Florian war Maiks bester Freund. Er war bereits 18 Jahre alt, zwei Jahre älter als Maik, aber sie hatten schon im Sandkasten zusammen gespielt. An ihrer Freundschaft hatte sich auch nichts geändert, seit Maik zum Gymnasium in der Stadt fuhr. Florian war an der Dorfschule geblieben und machte seit einem Jahr eine Lehre als Klempner. Maik gehörte nach wie vor zu Florians Clique. Sie sahen sich nachmittags und an den Wochenenden. Auf dem Dorf gab es nicht viele Freizeitmöglichkeiten.

„Immer denkst du, Florian ist schuld", regte sich Maik auf. „Nur weil er nicht aufs Gymnasium geht."

„Du weißt genau, dass das nicht stimmt! Ich mag Florian", sagte die Mutter. „Aber seine Freunde mag ich nicht! Einer von ihnen, Hannes heißt er, glaub ich, hat neulich vor der Schule Flugblätter verteilt."

„Ich weiß, sie bieten den Schülern kostenlosen Nachhilfeunterricht an. Und sie laden sie ein zu Wanderungen am Wochenende mit Lagerfeuer und Grillen. Die kümmern sich um die Kinder und Jugendlichen. Die engagieren sich, das findest du doch sonst immer so toll!", sagte Maik.

„Ja, das habe ich auch zuerst gedacht. Aber dann kam Sarah aus dem Schultor. Sarah Agyekum aus Melanies Klasse. Sie ist pechschwarz, in Ghana geboren. Sie wollte auch ein Flugblatt und hat den Nachhilfeunterricht bitter nötig. Und weißt du, was dieser Hannes gesagt hat? Er hat sie weggeschubst und gemeint: ‚Verpiss dich. Für Neger gibt's bei uns nichts umsonst!'"

Maik bekam einen roten Kopf und schwieg.

„Also, noch mal: Warum brauchst du die Klassenliste mit den ausländischen Namen?"

„Man muss doch wissen, wer so alles in unserem Dorf wohnt. Florian sagt …"

„Ach!", unterbrach ihn die Mutter. „Und das erfährst du, wenn du Klassenlisten durchsiehst? Wenn es dich interessiert, geh in Moritz' Klasse und rede mit Hamid und Paula und den anderen auf deiner Liste. Wofür brauchst du die Namen überhaupt?"

„In der Zeitung stand, dass an manchen Schulen Kinder sind, deren Eltern illegal hier in Deutschland leben. Vielleicht gibt es die ja auch an der Dorfschule, vielleicht sogar in Moritz' Klasse und in der von Melanie."

„Schon möglich", sagte die Mutter und wirkte jetzt ein wenig verlegen.

„Also stimmt es. Und du kennst die Namen der Illegalen? Es sind tatsächlich welche hier?" Maik war fassungslos.

Moritz dagegen verstand nicht ganz, worüber die beiden sich eigentlich unterhielten.

Die Mutter nickte. „Ich bin doch Elternratsvorsitzende und der Rektor hat mit mir darüber geredet. Er meint, es ist besser, wenn die Kinder zur Schule gehen, als wenn sie zu Hause rumhängen."

„Illegale Schüler. Hm. Was ist zum Beispiel mit Hamid oder diesem David? Das ist doch der Bruder von Sarah, also auch ganz schwarz?"

„Keine Chance, Maik. Das muss geheim bleiben. Wenn die Namen in die falschen Hände fallen, ist das eine Katastrophe für die Kinder und ihre Eltern. Die werden dann nämlich ausgewiesen." Mit diesen Worten zerriss die Mutter Maiks Namensliste und warf die Teile in den Papierkorb.

„Katastrophe?", fragte Maik wütend. „Mit der Meinung stehst du aber ziemlich allein da. Die meisten Leute, die ich kenne, finden es gut, wenn die Illegalen ausgewiesen werden."

„Könnt ihr woanders weiterreden?" Moritz wollte endlich mit seinen Hausaufgaben anfangen, schließlich machten die sich nicht von allein. Es interessierte ihn überhaupt nicht, wer welchen Namen hatte. Er teilte seine Mitschüler zurzeit danach ein, ob sie sich wegen der Fledermäuse albern benahmen oder nicht. Und Hamid gehörte zu denen, die Fledermäuse sehr interessant fanden. Was spielte es da schon für eine Rolle, dass er Texte aus dem Lesebuch nur sehr stotternd vortragen konnte?

In den nächsten Tagen wollte Herr Piepke die Listen für die Projektwoche verteilen, die jedes Jahr vor Pfingsten stattfand. Ein Projekt – so viel hatte Herr Piepke schon verraten – sollte „Wir bauen Nistkästen für Fledermäuse" heißen. Aber es würde nur stattfinden, wenn sich genug Kinder eintrugen. Und wenn Moritz an die „Igitts!" und die „Nie wieder Fledermäuse!"-Ausrufe von heute Morgen dachte, als Herr Piepke die Themen angekündigt hatte, sah es schlecht für das Fledermausprojekt aus.

Moritz hatte also ganz andere Sorgen – und so bemerkte er auch nicht, dass sich sein Bruder, während er über den Matheaufgaben grübelte, erneut die Klassenliste aus seinem Aufgabenheft nahm und damit in sein Zimmer verschwand.

4

Die Grund- und Gesamtschule von Osterbrügge war eine kleine Schule. Jeder Jahrgang bestand nur aus einer Klasse mit manchmal nicht mehr als 17 Schülern. Darum überlegte die Schulbehörde jedes Jahr aufs Neue, ob man die Schule nicht mit den Schulen aus den Nachbarorten zusammenlegen sollte. Bislang hatten die Eltern und Lehrer das verhindern können.

Besonders wichtig hierfür war die Projektwoche, in der Schüler, Eltern und Lehrer jedes Jahr zeigten, wie gut die Schule war. Einige Wochen später gab es einen „Tag der offenen Tür", wo besondere Projekte vorgestellt wurden und zu dem auch ein Vertreter der Schulbehörde kam, um sich umzusehen.

Mit Spannung waren auch diesmal die Themen für die Kurse erwartet worden: Da gab es einen Trommelkurs, einen Kochkurs à la China, ein Projekt, in dem man Lieder aus den Ländern Europas lernen konnte, ein Badminton-Projekt und vieles mehr. Und dann war da natürlich Moritz' Lieblingsprojekt: die Nistkästen für Fledermäuse. Als die Anmeldungen ausgewertet wurden, stellte sich heraus, dass alle Projekte stattfinden konnten.

„Wenn jeder einen Nistkasten baut, sind es 14 Nistkästen für die Fledermäuse", freute sich Moritz, während seine Freunde die Namensliste studierten.

„Wer ist Hua van Quach?", fragte Artur.

„Hao was?"

„Hua van Quach."

„Hua was Quatsch?"

„Ist das ein Mädchen?"

„Das ist Chinesisch."

„Das ist die Neue!", sagte Peer aus der 5. Klasse. „Die kommt ab morgen in unsere Klasse."

„Warum steht sie dann heute auf der Liste? Wo hat die denn gewählt?"

„Sie sollte schon vor ein paar Wochen kommen, ist aber nie aufgetaucht. Und im Fledermausprojekt ist noch Platz. Da hat Herr Piepke sie wohl einfach reingeschrieben", meinte Peer.

„Ich wette, die kocht lieber chinesisch. Die hat bestimmt keinen Bock auf Fledermäuse."

„Wahrscheinlich hat sie sogar Angst davor und kreischt rum wie Marie."

Das war genau das, was Moritz befürchtete. Wenn diese Hua auch nur halb so schlimm war wie seine Schwester Melanie, dann würde dieses Projekt, auf das er sich seit Tagen freute, ganz furchtbar werden.

Bei der nächsten Gelegenheit fragte er Herrn Piepke: „Wenn einem ein Projekt nicht gefällt, kann man dann wechseln?"

Der Lehrer schaute ihn erstaunt an. „Ich dachte, du bist ganz wild darauf, Nistkästen für deine Fledermäuse zu bauen."

„Ich will doch nicht wechseln. Diese Neue aus der Fünften, vielleicht mag sie Fledermäuse ja gar nicht und …"

„Du meinst Hua? Na ja, wenn sie wirklich Angst hat, darf sie wechseln, aber auch nur dann. Wir wollen noch einmal in den Wildpark gehen, bevor wir uns an das Bauen machen. Und einmal werden wir abends Fledermäuse beobachten. Im Schuppen neben den Fahrradständern haben Zwergfledermäuse ihr Sommerquartier.

Aber warten wir doch erst mal ab. Wie kommst du darauf, dass Hua keine Fledermäuse mag?"

„Weil sie ein Mädchen ist!", sagte Moritz und wurde etwas verlegen, als der Lehrer ihn verwundert ansah. „Meine Schwester hat auch Angst und Marie und … na, eben alle Mädchen."

„Ah ja! Alle Mädchen haben Angst vor Fledermäusen und alle Fledermäuse beißen!"

„Das stimmt doch gar nicht. Nur drei Arten …"

„Genau: nur drei Arten. Insgesamt sind es vielleicht auch nur drei oder vier oder zehn Prozent der Mädchen, die Angst haben. Und wo steht bitte, dass Jungen automatisch weniger Angst haben? Das ist keine sehr gute Argumentation. Keine Behauptung ohne Beweis!"

Moritz bekam einen roten Kopf.

„Warte doch erst mal ab", sagte Herr Piepke abschließend. „Falls sie wirklich Angst haben sollte, darf sie natürlich wechseln."

Zum Glück fand Moritz bei seinen Mitschülern mehr Verständnis für seine Bedenken.

„Hundertprozentig hat die Angst und macht das ganze Projekt kaputt", meinte Artur, der mit seiner kleinen Schwester ähnliche Erfahrungen wie Moritz gemacht hatte.

„Mädchen mögen Fledermäuse nicht, weil sie so hässlich sind", sagte Bernd – und als Moritz protestieren wollte, fügte er hinzu: „Also dass 'ne Fledermaus mal 'nen Schönheitswettbewerb bei den Tieren gewinnt, das kannst du doch wohl wirklich nicht behaupten. Die kommt nicht mal in die Endausscheidung."

Na ja, schön waren sie tatsächlich nicht, das musste selbst Moritz zugeben. Sie hatten weder ein buntes Gefieder wie Papageien oder Pfaue noch ein weiches Fell wie Hunde oder Katzen. Sie konnten nicht zwitschern wie Vögel, ihre Laute konnte man sogar nur mit Spezialgeräten hören, aber sie waren … also sie hatten, sie hatten so etwas … Moritz wusste nicht, wie er es beschreiben sollte. Sie waren eben etwas ganz Besonderes.

„Was machen wir jetzt mit dieser Hua?", fragte Artur.

„Herr Piepke hat gesagt, wenn sie Angst hat, darf sie wechseln", sagte Moritz.

„Vielleicht kann man ihr Angst machen, wenn sie noch keine hat", meinte Artur. „Für meine kleine Schwester wäre es zum Beispiel ganz furchtbar, mit Fledermäusen in einem Raum eingesperrt zu sein."

„Wo kriegen wir denn so schnell einen Raum mit Fledermäusen her? Willst du die Tiere fangen und dann bei dir im Keller einsperren?"

„Nein, im alten Schuppen", meinte Moritz. „Da wohnen Zwergfledermäuse, hat Herr Piepke gesagt."

„Das ist es!", rief Artur begeistert. „Wenn Hua morgen kommt, sagen wir ihr, wir zeigen ihr die Schule, und sperren sie da ein. Nur für 'ne Stunde oder für die große Pause." Artur sah sich triumphierend um. „Oder hat einer 'ne bessere Idee?"

Arturs Idee blieb die einzige und so warteten am nächsten Morgen alle ganz gespannt auf die Neue. Sie kam um kurz vor acht zusammen mit Frau Meinert, der Klassenlehrerin der Fünften, zum Pavillon, wo sich Moritz und seine Freunde schon versammelt hatten.

Hua war etwas kleiner als die anderen Mädchen der Klasse und hatte pechschwarze Haare, die sie zu einem

Pferdeschwanz gebunden trug. Ihr Gesicht war so, wie Moritz es aus dem Fernsehen kannte: schmale, braune Augen, eine platte Nase und braune Haut.

„Sie sieht aus wie die kleine Schwester von Jackie Chan", sagte Artur.

„Dann hat sie bestimmt keine Angst vor Fledermäusen."

„Vielleicht kann sie Karate."

„Vielleicht hat Jackie Chan aber auch Angst vor Fledermäusen."

In der großen Pause, als Hua ein wenig einsam am Rand des Schulhofs stand und den anderen zusah, ging Moritz auf sie zu. „Ich bin Moritz", sagte er. „Wenn du möchtest, zeige ich dir die Schule."

Hua schaute ihn verwundert und etwas misstrauisch an, aber Moritz lächelte sein freundlichstes Lächeln, bei dem nur seine Mutter misstrauisch geblieben wäre. Hua jedenfalls war froh, dass sich jemand um sie kümmerte, und folgte Moritz. Er führte sie über den Schulhof zum Lehrerzimmer, dann zu den Tischtennisplatten. Dort trafen sie wie verabredet Artur, Peer und Bernd, die sich ihnen anschlossen.

Zum Schluss gingen sie mit ihr zum alten Pavillon, der als Fahrradhaus diente, und gelangten anschließend zum alten Schuppen, der schon seit Jahren nicht mehr genutzt wurde. Peer ging vor, öffnete die Tür und sprang zurück, nachdem er Hua ein Stück in den Raum gelockt hatte. Schnell knallte er die Tür von außen zu. Er schloss ab und gab Moritz den Schlüssel.

Für einen Moment war es still, dann hörten sie Hua rufen: „Macht auf, ihr Mistkerle! Lasst mich raus hier!"

„Später! Keine Sorge, wir holen dich!" Lachend zogen die Jungen ab.

Moritz hielt den Schlüssel etwas ratlos in der Hand. „Was soll ich damit?"

„Na, aufschließen."

„Wieso soll *ich* sie rausholen?"

„Einer muss es machen. Und es ist doch alles wegen deiner Fledermäuse."

Moritz schluckte. Am liebsten wäre er gleich zurückgelaufen. Wenn ihre Aktion herauskam, und sie würde mit Sicherheit herauskommen, dann gab es richtig Ärger. So eine blöde Idee!

„Vielleicht sollten wir sie lieber …"

„Die wird uns eh verpetzen. Dann kann sie jetzt auch noch eine Stunde bei den Fledermäusen bleiben und Angst kriegen, sonst war alles umsonst. Ärger kriegen wir sowieso."

In der nächsten Stunde konnte Moritz sich kaum konzentrieren. Als es zur kleinen Pause klingelte, rannte er über den Schulhof zum Schuppen. Er horchte an der Tür. Alles still. Vielleicht war sie vor Schreck in Ohnmacht gefallen. Seine Schwester Melanie wäre das bestimmt.

Mit etwas zittrigen Fingern schloss er die Tür auf und spähte ins Halbdunkel. Hua hockte am anderen Ende des Raums und schaute angestrengt nach oben. Sie drehte sich nur kurz um und legte den Finger auf den Mund. „Pssst, du weckst sie."

„Wen?"

„Hast du Angst vor Fledermäusen?"

Moritz sah sie verwundert an. „Ich? Wir dachten, du hättest Angst!"

„Ich?", fragte Hua erstaunt. „Warum sollte ich Angst haben? Fledermäuse beißen doch nicht, jedenfalls nicht uns Menschen. Es sind Glücksbringer. Und das hier sind Zwergfledermäuse. Die fressen Mücken und so'n Zeug."

Moritz betrachtete die Chinesin, als sähe er sie zum ersten Mal. Fledermäuse beißen nicht! Sein Spruch! Dass sie erkannt hatte, dass es sich um Zwergfledermäuse handelte, verwunderte ihn noch mehr. Außer Oma Fliederbusch und den Leuten vom Naturschutzbund kannte er niemanden, der das konnte.

„Wir ... wir wollten dich erschrecken", sagte Moritz. „Und darum ..."

„Mit Fledermäusen?" Hua sah ihn verächtlich an. „Ihr sperrt mich hier ein, weil ihr denkt, ich erschrecke mich vor den Fledermäusen und kreische rum?"

„Na ja", sagte Moritz und kam sich selbst ganz doof vor. „Meine kleine Schwester und die von Artur ... Also, wir dachten, du bist doch ein Mädchen ... und also ..." War ihm das peinlich!

„Das muss ich jetzt aber nicht verstehen, oder?" Hua grinste ihn an. „Selbst wenn ich mich gefürchtet hätte, hätte ich hier nicht heulend rumgesessen." Sie zog ihr Handy aus der Hosentasche. „Ein Anruf bei der Polizei oder zu Hause und die hätten mich rausgeholt. Wenn ihr das nächste Mal jemanden einsperrt, nehmt ihm vorher das Handy weg!"

Moritz kam sich sehr dumm vor. Aber irgendwie war er ja selbst schuld. Er wünschte sich nur, Artur wäre hier und würde sich an seiner Stelle blamieren. Schließlich war es seine bescheuerte Idee gewesen.

„Du hast also nicht angerufen? Bei der Polizei?"

Als Hua den Kopf schüttelte, atmete Moritz erleichtert auf. Das hätte ihm seine Mutter nie verziehen!

„Hatte noch keine Zeit", sagte Hua. „Ich hab die Fledermäuse beobachtet." Sie winkte ihm mit der Hand.

Dicht gedrängt hingen die Fledermäuse von einem Balken herunter. „Alles Weibchen, die in den nächsten Wochen ihre Jungen zur Welt bringen", flüsterte Hua. Sie streckte ihre Hand aus und nahm vorsichtig eine der Fledermäuse vom Balken. Moritz wagte nicht zu atmen. Der Winzling klammerte sich mit seinen Daumenkrallen an Huas Finger fest. Seine Augen waren weit geöffnet.

Das Klingelzeichen zur nächsten Stunde überhörten sie beide. Als Moritz das nächste Mal auf seine Uhr sah, war es schon 12:10 Uhr. Erschrocken stieß er Hua an. „Das gibt Ärger", flüsterte er. „Wir müssen zurück."

Sie hielt die kleine Fledermaus an den Balken, bis sie sich festgekrallt hatte.

„Was soll ich meiner Mutter bloß sagen, wenn Herr Piepke anruft und sich beschwert, dass ich schon wieder abgehauen bin?", jammerte Moritz, während er mit Hua über den Schulhof hetzte. „Ich wollte angeblich nur aufs Klo gehen und bin jetzt seit einer Stunde verschwunden. Der hat bestimmt schon bei meiner Mutter angerufen. Was soll ich bloß sagen?"

„Wie wäre es mit der Wahrheit?"

„Dass wir dich hier eingeschlossen haben? Spinnst du? Dann kann ich zu Hause ausziehen."

„Du sagst einfach, du hast mich befreit. Du hast auf dem Weg zum Klo Rufe gehört und mich gefunden. Irgendjemand hat mich eingeschlossen. Wir müssen ja nicht sagen, wer. Und mir ging es ganz schlecht. Du hast mir ein Glas Wasser geholt und das hat alles so lange gedauert."

Moritz schaute Hua bewundernd an. „Na, du kannst Geschichten erzählen."

Hua grinste. „Ich will später Bücher schreiben."

Moritz war sicher, dass Hua großen Erfolg haben würde. Gemeinsam kamen sie zurück zu ihren Klassenzimmern.

„Bist du auch im Fledermausprojekt?", fragte Hua.
Moritz nickte.

„Ich auch. Und ich freu mich schon darauf."

Wieder nickte Moritz. Er freute sich auch – nicht nur auf das Projekt, sondern auch darüber, dass Hua dabei war. Aber das hätte er nie laut gesagt.

Hua winkte ihm zum Abschied zu, dann öffnete sie leise ihre Klassenzimmertür und verschwand. Auch für Moritz wurde es höchste Zeit, in die Klasse zu gehen. Er holte tief Luft, öffnete die Tür, zog den Kopf ein wenig ein und wartete auf Herrn Piepkes Standpauke.

Aber stattdessen sagte eine fremde Stimme: „Wo kommst du denn her?"

„Entschuldigung für … die Verspätung. Ich war auf'm Klo … Ich …", stotterte Moritz.

Den Rest der schönen Geschichte von Hua wollte der Lehrer gar nicht mehr hören. „Na, dann setz dich mal", sagte er nur. „Und das nächste Mal gehst du in der Pause."

Glück gehabt! Herr Piepke war aus irgendeinem Grund nicht da und der Vertretungslehrer hatte genug damit zu tun, die fremde Klasse einigermaßen ruhig zu halten. Moritz nickte seinen Freunden, die ihn fragend ansahen, beruhigend zu. Alles im grünen Bereich!

„Wo warst du denn so lange!? Und Hua? Geht sie nun in den Kochkurs?", flüsterte Artur, der neben ihm saß.

Moritz schüttelte den Kopf. „Es ist besser, wenn sie bei den Fledermäusen bleibt. Sie kennt sich aus!", flüsterte er zurück.

Artur starrte ihn entsetzt an. „Hallo, schon vergessen? Das ist ein Mädchen!"

„Im Schuppen sind Zwergfledermäuse. Wir konnten sie ganz aus der Nähe beobachten."

„Wir?"

„Hua und ich!"

„Hua und ich ... ich meine – du? Seid ihr jetzt dicke Freunde, oder was?"

„Ruhe da hinten!", rief der Vertretungslehrer.

Artur betrachtete kopfschüttelnd seinen Freund Moritz. Was auch immer im Schuppen passiert war, es war nicht so gelaufen, wie sie das geplant hatten.

5

Erdbeerfelder, wohin man schaute. Moritz war mit seinem Fahrrad auf dem Weg zu Oma Fliederbusch, die inmitten der Erdbeerfelder auf einem großen Gutshof wohnte. Noch waren die Felder mit Lochfolie abgedeckt, um die Erdbeerpflanzen zu schützen. Aber schon in einigen Wochen würden überall die ersten kleinen, roten Früchte zu sehen sein.

Moritz' Großeltern hatten den Erdbeerhof vor vielen Jahren aufgebaut. Seit dem Tod des Großvaters hatte seine Mutter Oma Fliederbusch geholfen, den Betrieb zu leiten. Aber jetzt konnte Oma nicht mehr. Sie fühlte sich alt und hatte Rheuma in den Händen und an den Füßen. Daher wollte sie nach Teneriffa zu einer Freundin ziehen, die dort eine größere Wohnung besaß. Sie hoffte, dass die Schmerzen in ihren Gliedern in der warmen Sonne aufhören würden. Schon morgen sollte es losgehen. Moritz war traurig.

Und der Erdbeerhof? Es hatte lange Diskussionen in der Familie gegeben, ob man ihn nicht besser verkaufen sollte. Aber der Hof gehörte seit über 50 Jahren zur Familie und er war berühmt für seine süßen Früchte. Die Erdbeeren waren ein gutes Geschäft.

So beschlossen Moritz' Eltern zur Freude von Oma Fliederbusch, den Hof weiterzuführen. Der Vater hatte seinen Job im Kindergarten gekündigt und die ganze Familie sollte bald in das große Haus zwischen den Erdbeerfeldern ziehen. Für Moritz und seine Geschwister änderte sich dadurch nicht viel, nur ihr Schulweg wurde ein wenig länger.

Moritz' Leben hatte sich schon immer rund um die Erdbeeren abgespielt. Er hatte bei der Ernte mitgeholfen, seit er laufen konnte, hatte seiner Großmutter beim Marmeladekochen zugeschaut und überhaupt jede freie Minute auf dem Gutshof zugebracht, vor allem seit er von den Fledermäusen auf dem Dachboden wusste.

Es waren Zweifarbfledermäuse, eine ganz seltene Art im Norden Deutschlands. Moritz mochte sie von allen Arten am liebsten. Sie waren nicht größer als ein Spatz, hatten schwarzbraunes Fell und einen weißen Bauch. Hinter den Ohren waren kleine schwarze und cremefarbene Kleckse zu sehen. Das Fell auf dem Rücken sah aus wie mit Puderzucker überzogen, denn die Haarspitzen waren weiß.

Zusammen mit seiner Großmutter hatte er in den letzten Jahren über die Kolonie gewacht, hatte beobachtet, wie die kleinen Fledermausbabys geboren und aufgezogen wurden.

Oma Fliederbusch wartete schon auf ihn. Sie hatte Kuchen gebacken und Kakao gekocht. „Ich bin froh, dass deine Eltern den Hof übernehmen", sagte sie, während sie Moritz ein großes Stück Topfkuchen auf den Teller legte. „Stell dir mal vor, der Hof wäre von Leuten gekauft worden, die Fledermäuse nicht mögen."

„Mutter und Melanie hassen Fledermäuse", sagte Moritz mit vollem Mund.

Die Großmutter seufzte. „Ich weiß. Und darum bin ich froh, dass du da bist. Du musst sie beschützen. Zweifarbfledermäuse sind etwas ganz Besonderes. Deine Schwester und deine Mutter werden sich schon daran gewöhnen. Es braucht nur ein wenig Zeit."

Da war Moritz allerdings ganz anderer Meinung. Er sah seine Schwester schon kreischend durch das Haus laufen, weil sich eine Fledermaus in der Einflugluke geirrt hatte und deshalb in ihrem Zimmer gelandet war. Und seine Mutter würde auch nicht begeistert sein, wenn sie ständig die Fenster im oberen Stock putzen musste, weil der Kot der Fledermäuse genau dort hinfiel.

„Das einzige Problem ist der Kot", sagte Oma Fliederbusch da auch schon. „Am besten du nimmst das Zimmer direkt unter der Einflugluke. Dann fällt das erst mal nicht auf. Biete deiner Mutter an die Fenster zu putzen, oder ihr müsst Rollläden anbringen."

Moritz seufzte. Kot wegputzen gehörte auch nicht zu seinen Lieblingsbeschäftigungen – aber wenn es die Fledermäuse rettete, musste er das wohl übernehmen.

Ein letztes Mal ging Moritz mit seiner Großmutter durch den Kräutergarten hinter dem Haus. Er liebte diesen Garten, in dem die Blumen nicht wie im Garten seiner Mutter geordnet in Reihen, sondern wild durcheinander wuchsen, was auch den Bienen und Schmetterlingen besser gefiel. Da gab es die Rote Lichtnelke, das Seifenkraut, das Geißblatt, die Wegwarte und die Nachtkerze. Alles Blumen, deren Blüten viele Nachtfalter anlockten. Und wo viele Nachtfalter waren, fanden Fledermäuse ausreichend Nahrung.

Hinter dem Kräutergarten lag ein großer See und ein Brunnen plätscherte. Noch weiter hinten stand ein alter, halb verfallener Schuppen, der aber immer noch gut genug für die Gartengeräte von Oma Fliederbusch und ihre Blumensamen war.

In diesem Garten hatte alles begonnen. Gemeinsam mit Oma Fliederbusch hatte Moritz eines Abends nach Sonnenuntergang auf der Terrasse gesessen und beobachtet, wie Tiere, die großen schwarzen Käfern ähnelten, das Licht umkreisten.

„Das sind Fledermäuse", hatte Oma Fliederbusch ihm erklärt. „Zweifarbfledermäuse, nur so groß wie ein Daumen. Sie wohnen auf meinem Dachboden und sobald die Sonne untergeht, kommen sie heraus und suchen nach Mücken und Schmetterlingen. Die ganze Nacht schwirren sie umher, aber vor dem ersten Sonnenstrahl sind sie wieder zurück."

Sie hatte ihm den Dachboden gezeigt, wo die Fledermäuse dicht gedrängt mit dem Kopf nach unten an den Balken hingen und schliefen. Mit den Krallen ihrer Hinterfüße hielten sie sich fest. Damals hatte er erfahren, was niemand sonst aus der Familie wusste: Auf dem Dachboden von Omas Haus lebte eine ganze Kolonie von Zweifarbfledermäusen.

Moritz war vom ersten Moment an fasziniert gewesen. „Sind das Vögel oder Mäuse?", hatte er gefragt.

Oma Fliederbusch hatte gelacht. „Gute Frage! Sie sind so groß wie Mäuse, haben ein Fell und Mauseohren."

„Aber sie können fliegen. Also doch Vögel?"

„Nein, Vögel sind es nicht, denn sie legen keine Eier. Sie bringen wie alle Säugetiere ihre Jungen lebend zur Welt und ernähren sie mit Milch. Es sind Fledertiere."

Sie hatte ihm die winzig kleinen Fledermauskinder gezeigt, die sich schon mit ihren kleinen Füßen am Dachbalken festklammerten.

„Wo sind die Mütter?"

„Irgendwo da draußen auf Futtersuche. Ein- bis zweimal pro Nacht kommen sie zurück. Pst, da kommt schon eine!"

Fasziniert hatte Moritz beobachtet, wie das Junge sich an den Milchzitzen der Mutter festbiss und anfing zu saugen. Kaum war es fertig, flog die Fledermaus wieder davon.

Oma Fliederbusch hatte sich gefreut, dass endlich jemand ihre Leidenschaft für die Fledermäuse teilte. Sie hatte Moritz Bücher besorgt und ihn am Wochenende mit zu Veranstaltungen des Naturkundevereins genommen.

Er würde seine Großmutter sehr vermissen. Sie setzten sich auf eine Bank am See und er zeigte ihr sein Fledermausbuch, in dem der Bauplan für einen Fledermausnistkasten abgebildet war. Genau so einen wollten sie in der Projektwoche bauen.

„Hier im Garten kannst du mindestens zehn davon unterbringen", meinte Oma Fliederbusch. Gemeinsam wanderten sie durch den Garten und suchten nach passenden Bäumen für die Nistkästen.

Die einzigen Feinde in diesem Fledermausparadies würden seine Mutter und seine Schwester sein. Es war fast ein Wunder, dass seine Mutter die Tiere bisher nicht entdeckt hatte. Aber sie arbeitete in der Regel vormittags auf dem Hof, selten nachmittags und nie nach Sonnenuntergang. Natürlich besuchte sie Oma Fliederbusch auch ab und zu abends, aber da lenkte die Großmutter immer sehr geschickt von ihren Untermietern ab. Und im Winter hielten die Fledermäuse ja ihren Winterschlaf.

Am nächsten Tag brachte die ganze Familie Oma Fliederbusch zum Flughafen.

„Ich verlass mich auf dich!", sagte sie leise zum Abschied und drückte Moritz fest an sich. „Wenn du Fragen hast, schick mir einfach eine E-Mail. Die Adresse meiner Freundin hast du ja. Und in zwei Wochen sind schon Ferien, da kommt ihr mich doch ohnehin besuchen …" Sie steckte ihm einen Schlüssel zu. „Mein Hausschlüssel", flüsterte sie ihm ins Ohr. „Damit du in den Wochen bis zum Umzug zu den Fledermäusen kannst."

Moritz nickte traurig.

6

Schon am folgenden Nachmittag fuhr Moritz nach der Schule zum Gutshof. Diesmal gab es keine Oma Fliederbusch, die ihn mit Kuchen erwartete. Der Hof lag einsam und verlassen da. Von den einzigen Bewohnern unterm Dach sah man auch nichts. Sie schliefen noch.

Als es anfing zu dämmern, setzte sich Moritz auf die Bank, auf der er so oft mit seiner Großmutter gesessen hatte, um den Ausflug der Fledermäuse zu beobachten.

Und dann ging alles schief: Maik erschien auf seinem Fahrrad und war sehr verwundert, als er Moritz sah. „Hier bist du also? Mutter sucht dich schon überall."

Moritz war entsetzt. Jeden Moment konnten die ersten Fledermäuse kommen. Er stand auf und ging Richtung Haus in der Hoffnung, dass Maik hinterherkommen würde. Aber der setzte sich erst mal auf die Bank und streckte seine Beine von sich.

„Was machst du hier?", wollte Moritz wissen.

„Auftrag von Mutter. Ich soll nachsehen, ob Großmutter alle Fenster geschlossen hat. Es soll ein Gewitter geben."

Maik warf einen prüfenden Blick auf die Fenster im oberen Stock. Ausgerechnet in diesem Moment flogen die ersten Fledermäuse aus. Sie kamen unter dem vorstehenden Dach hervor und sahen aus wie kleine schwarze Vögel. Schwalben. Moritz hoffte, dass Maik sie dafür halten würde. Aber es kamen immer mehr, sie schwirrten umher und flogen dann Richtung See davon.

Maik schaute erst ganz verblüfft, dann grinste er. „Siehst du auch, was ich sehe?"

„Ach, die … Schwalben? Ja, die flattern immer hier herum …", stotterte Moritz verlegen.

„Die Schwalben?" Maik tippte sich an die Stirn. „Hältst du mich für so blöd? Du meinst wohl die Fledermäuse." Er sah Moritz' verlegenen Blick und fing an zu lachen. „Ich sehe Mutter und Melanie schon vor mir: ein warmer Sommerabend auf der Terrasse, Kerzenlicht, und dann plötzlich aus dem Dunkeln ein Schwarm Fledermäuse, die das Licht umschwirren. Fragt sich nur, wer den größeren Schrecken bekommt: Mutter und Melanie oder die Fledermäuse, wenn die beiden anfangen herumzuschreien."

Moritz sah seinen Bruder flehend an. „Du darfst nichts verraten!"

„Wusste Oma davon?"

„Na sicher, es sind Omas Fledermäuse. Im Garten wachsen auch fast nur Blumen, die die Nachtfalter anlocken."

„Omas Fledermausparadies!", lachte Maik. „Na, das wird ja eine spannende Zeit. Wenn Mutter das gewusst hätte, hätte sie den Hof bestimmt nicht übernommen. Oder kann man die Viecher ausrotten?"

„Bist du verrückt? Die stehen unter Naturschutz. Niemand darf sie anrühren!"

Maik lachte. „Da kennst du Mutter nicht. Die wird die Öffnung einfach zumauern oder die Tiere umsiedeln."

„Sie muss es doch gar nicht erfahren. Es kann geheim bleiben."

„Hmm, sicher, aber nur so lange, bis die erste Fledermaus um Mutters Kopf schwirrt. Und Melanie denkt immer noch, jede Fledermaus verwandelt sich in Graf Dracula und will sie in den Hals beißen."

„Fledermäuse beißen nicht", sagte Moritz wütend.

„Das kannst du Melanie ja erzählen, wenn sie aus ihrer Ohnmacht aufwacht. Und du weißt, wenn Melanie etwas will, bekommt sie das auch. Sie wird wollen, dass jede Blume in diesem Garten ausgerissen und jedes Samenkörnchen einzeln aus der Erde gefiltert wird. Oder sie überredet die Eltern, nicht hierherzuziehen."

„Oma will nicht, dass Fremde hier wohnen. Die Fledermäuse stören doch nicht. Und wenn wir erst mal hier wohnen …"

„Tja, wenn …", sagte Maik. „Glaubst du, Melanie und Mutter möchten in ein Fledermausparadies ziehen?"

Moritz sah Maik verzweifelt an. „Aber sie müssen es doch nicht wissen."

„Nun ja, ich könnte das, wenn ich mir große Mühe gebe, vergessen …"

„Danke!"

„… wenn du mir einen Gefallen tust."

Moritz atmete erleichtert auf. Jeden Gefallen würde er Maik tun. Hauptsache, er hielt den Mund!

„Besorg mir die Liste der 5. Klasse. Die sind doch mit euch in einem Pavillon."

Jetzt war Moritz aber doch verblüfft. „Die Klassenliste von der 5. Klasse?"

„Genau die. Mit den Namen und Adressen drauf."

„Wofür das denn?"

„Frag nicht so viel! Hol sie einfach! Sonst mach ich mal ein paar Fotos von deinen schwarzen Freunden hier und lege sie Melanie auf den Frühstückstisch. Also, was ist?"

Hatte Moritz eine Wahl? Und so versprach er, die Liste zu besorgen. Den ganzen Weg zurück nach Hause pfiff

Maik fröhlich vor sich hin, während Moritz am liebsten vor Wut geheult hätte. Nicht mal einen Tag lang hatte er das Geheimnis bewahren können. Was würde Oma Fliederbusch bloß von ihm denken? Sie hatte sich auf ihn verlassen. Und Maik? Würde er seine Entdeckung für sich behalten? Er benahm sich so merkwürdig in letzter Zeit. Erst verteilte er Flugblätter vor der Schule, jetzt sammelte er Klassenlisten. Er hatte auch ein Geheimnis, das war ganz klar. Aber welches?

„Gibt es eigentlich auch Wildkräuter in Omas Garten?" Maik zwinkerte Moritz zu, als er der Mutter am nächsten Morgen beim Frühstück diese Frage stellte.

Moritz zuckte zusammen. Wollte Maik ihn jetzt doch verraten?

„Wie kommst du auf Wildkräuter?", fragte die Mutter erstaunt. „Seit wann interessierst du dich für Blumen?"

„Seit gestern." Wieder zwinkerte Maik Moritz zu. „Ich hab mal gelesen, dass in einem Garten mit vielen Wildkräutern viele Schmetterlinge leben und die locken dann viele Fledermäuse an."

„Fledermäuse!", kreischte Melanie. „Ich will keine Fledermäuse im Garten! Die beißen!"

„Fledermäuse beißen keine Menschen", sagte Moritz genervt und warf seinem Bruder einen bitterbösen Blick zu. Warum musste er am Frühstückstisch darüber reden? Er wusste doch, wie Melanie reagierte.

„Auch wenn Fledermäuse nicht beißen, werden wir im Garten keine Wildkräuter pflanzen, um sie anzulocken, nicht wahr, Moritz?" Die Mutter schaute ihren Sohn mit hochgezogenen Augenbrauen an.

„Gibt's in Omas Garten Fledermäuse? Dann will ich da nicht hinziehen. Ich hasse Fledermäuse!" Melanie schüttelte sich vor Ekel.

„Wie kannst du sie hassen, wenn du sie gar nicht kennst?", fragte Moritz. „Wie viele Bücher über Fledermäuse hast du denn schon gelesen?"

„Gar keins und das werde ich auch nicht tun. Sie sind scheußlich und dumm und gefährlich!"

„Du bist dumm!", schrie Moritz. „Fledermäuse sind gefährdet, aber nicht gefährlich. Sie stehen kurz vor dem Aussterben. Sie müssen geschützt werden. Und jeder sollte in seinem Garten Nahrung für sie bereithalten."

„Ich bin froh, wenn sie alle ausgestorben sind!", schrie Melanie.

„Du bist eine dumme Ziege! Dumm und gemein!", rief Moritz.

„Ich liebe diese friedliche Frühstücksstimmung", sagte der Vater, der in diesem Moment ins Zimmer kam. „Könnt ihr euch nicht wenigstens morgens vertragen?"

„Moritz will Fledermäuse in Omas Garten züchten! Sag ihm, dass er das nicht darf!"

Der Vater warf Moritz einen fragenden Blick zu. „Ich glaube nicht, dass er das vorhat."

„Und wenn er das vorhatte", sagte die Mutter, „dann wird er diesen Plan ganz schnell wieder vergessen. Und jetzt möchte ich das Wort Fledermäuse nicht mehr hören. Ich weiß gar nicht, warum Maik das Thema aufgebracht hat."

„Ich weiß auch nicht", sagte Maik und tat so, als müsse er überlegen. Dabei grinste er Moritz frech an. „Wie komm ich denn bloß darauf? Vielleicht hab ich geträumt …"

Moritz war der Appetit vergangen. Er konnte sich schon denken, warum Maik heute Morgen unbedingt über Fledermäuse reden wollte. Damit er, Moritz, die blöde Liste nicht vergaß. Er hasste seinen Bruder und seine kleine Schwester noch mehr. Er hatte sich noch nie gut mit ihr verstanden. Als einziges Mädchen in der Familie war sie immer, vor allem von seinem Vater, verwöhnt worden. Während Moritz für sein Alter etwas zu klein, außerdem eher rundlich geraten war und auch sonst stinknormal aussah, war Melanie zumindest in den Augen des Vaters etwas Besonderes: die Jüngste in der Familie, lange blonde Haare, schlank, sportlich, hübsches Gesicht – und in Moritz' Augen einfach nur nervig, weil sie genau wusste, dass sie ihren Vater um den Finger wickeln konnte. Durch das jahrelange Verwöhnen war sie mit ihren zehn Jahren eine richtige Zicke geworden: Vaters Prinzessin.

Moritz seufzte. Er würde alles tun, damit sie von den Fledermäusen auf Omas Dachboden nichts erfuhr.

Auf dem Schulweg und in den ersten beiden Stunden überlegte Moritz, wie er unbemerkt in die Parallelklasse kommen konnte. In jedem Klassenzimmer lag auf dem Pult ein Klassenbuch mit einer Namensliste. Er brauchte sie nur herauszunehmen und am nächsten Tag zurückzulegen. Wenn er Glück hatte, würde das noch nicht einmal bemerkt werden.

Die Klassen 5 und 6 waren in einem Pavillon untergebracht. Auf dem Flur dazwischen lagen die Toiletten. Mehr Räume gab es nicht. Die Lehrer schlossen darum in den Pausen, wenn alle auf der Toilette gewesen waren, nur die Außentür des Pavillons ab.

Zu Beginn der großen Pause ging Moritz auf die Toilette. Dort wartete er, bis alle weg waren und auch der Aufsicht führende Lehrer seinen Kopf durch die Tür gesteckt hatte: „Ist da noch jemand? Ich schließe jetzt aaab!" Die Schritte des Lehrers entfernten sich.

Moritz schlich leise durch den Flur in die Nachbarklasse. Es war ganz einfach. Vorn auf dem Pult lag das Klassenbuch und darin war die Liste. Moritz faltete sie klein und stopfte sie in seine Hosentasche. Dann ging er aus der Klasse, schloss die Tür, drehte sich um – und lief direkt in die Arme seines Klassenlehrers. Er wollte während der Pause etwas vorbereiten und kam gerade durch die Haupttür in den Pavillon.

Beide erschraken, als sie sich so plötzlich gegenüberstanden, aber während Herr Piepke verärgert war, wurde Moritz ganz schlecht vor Angst. Es war strikt verboten, die Nachbarklasse zu betreten. Zu oft waren Dinge weggekommen.

„Wo kommst du her?", fragte Herr Piepke überflüssigerweise, denn er konnte sehen, dass Moritz aus der Nachbarklasse kam.

„Ich war auf dem Klo und dann war die Tür zu."

„Und was wolltest du in der Fünften?"

Moritz schwieg. Zum Glück vermutete Herr Piepke nicht, dass er etwas gestohlen hatte, sonst hätte er sicherlich seine Taschen ausleeren müssen.

„Was ist los mit dir, Moritz? An einem Tag läufst du weg, beim Wandertag bleibst du zurück und alle müssen dich suchen, jetzt wirst du eingeschlossen und treibst dich in der Nachbarklasse herum. Ich glaube, ich muss deine Mutter mal zu einem Elterngespräch bitten."

Und genau das tat er auch. Als Moritz nach Hause kam, hatte er angerufen und die Mutter in die Schule bestellt, was diese gar nicht verstehen konnte. Sie war wütend. „Was hast du in der Nachbarklasse zu suchen? Und was war das für eine Aktion beim Ausflug? Mensch, Moritz, ich hab andere Sachen zu tun, als mich mit deinem Lehrer über dein Verhalten auseinanderzusetzen."

Moritz warf Maik, der mit Melanie am Tisch beim Mittagessen saß, einen bösen Blick zu. Alles wegen der blöden Liste! Am liebsten hätte er der Mutter die Wahrheit gesagt, aber Maik, der offenbar seinen Gedanken erraten hatte, schaute ihn drohend an. Dann grinste er und fragte mit unschuldigem Blick seine Mutter: „Stimmt es, dass die Fledermaus auch in Dachböden nistet? Ich hab so was gelesen. Theoretisch könnten dann auch bei uns unterm Dach Fledermäuse wohnen."

Melanie ließ vor Schreck ihren Löffel in die Suppe fallen, sodass die Tomatensuppe auf die Tischdecke und ihr T-Shirt spritzte. „Ich mach mein Fenster nie mehr auf!"

Die Mutter warf Maik einen wütenden Blick zu. „Nein, natürlich gibt's bei uns keine Fledermäuse", sagte sie beruhigend zu Melanie. „Wo sollen die denn auch herkommen? Die wohnen in alten Gemäuern und außerdem finden sie hier nichts zu fressen. – Und wenn ich das Wort Fledermaus noch einmal höre, gibt es richtig Ärger!"

„Tut mir leid", sagte Maik und holte ein Tuch, um die Tischdecke abzuwischen.

Er brauchte auch nicht mehr über Fledermäuse zu reden, denn Moritz hatte verstanden. In seinem Zimmer überreichte er Maik die Liste. „Wozu brauchst du die überhaupt?"

„Verstehst du nicht. Erklär ich dir später."

Das kannte Moritz schon. Wenn jemand das sagte, wollte er gar nichts erklären und tat das auch später nicht. „Ich bin erwischt worden", schimpfte er. „Echt scheiße, das Ganze! Ich hole keine Liste mehr."

„Ist auch nicht nötig. Reg dich ab, Kleiner! Die anderen Listen haben wir schon."

„Wer ist wir?"

Aber Maik zuckte nur mit den Schultern und ging aus dem Zimmer.

7

Moritz war froh, dass das Fledermausgeheimnis für den Moment gerettet war. In den nächsten Tagen half er seiner Mutter beim Packen der Kisten für den Umzug. Er freute sich, dass seine Eltern den Mietvertrag für das alte Haus schon gekündigt hatten. Je weiter die Vorbereitungen vorangeschritten waren, desto besser. Trotzdem wusste er nicht, wie die Fledermäuse unentdeckt bleiben sollten, wenn schon Maik sie beim ersten Blick Richtung Dach gesehen hatte. Er musste unbedingt mit Oma Fliederbusch einen Notfallplan machen. Daher freute er sich auf die Ferien, in denen sie nach Teneriffa fliegen würden.

Umso entsetzter war er, als der Vater eines Morgens seine Zeitung aus der Hand legte, einen großen Schluck von seinem Kaffee nahm und mit ernster Stimme sagte: „Ich weiß nicht, ob das mit Teneriffa so eine gute Idee ist."

Verblüffte Stille am Tisch. Selbst Maik und Melanie, die sich gerade um das letzte Schokobrötchen gestritten hatten, schwiegen.

Zweimal im Jahr machte die Familie zusammen Urlaub: Nach der Erdbeerernte im Sommer fuhren sie mit dem Campingwagen an die Ostsee, was die Mutter bevorzugte, und in den Pfingstferien flogen sie in die Sonne nach Teneriffa, was eher den Urlaubsvorstellungen des Vaters entsprach. In diesem Jahr gab es einen zusätzlichen Grund zur Vorfreude: das Wiedersehen mit Oma Fliederbusch.

„Du willst nicht nach Teneriffa? Wie meinst du das denn?", wollte die Mutter wissen.

„Ich glaub nicht, dass ich da Urlaub machen möchte."
Der Vater nahm seine Zeitung wieder auf und las vor:

Auch gestern erreichten wieder zwei Flüchtlingsboote mit insgesamt 121 illegalen Immigranten an Bord die Insel Teneriffa. Am
Morgen wurde eine Patera mit 73 afrika-
nischen Einwanderern an Bord nur wenige
Meilen vor der Südküste vom Radar des
mobilen SIVE-Systems lokalisiert und anschließend von den Patrouillenbooten Salvamar Alphecca und Salvamar Tenerife in
den Hafen von Los Cristianos geschleppt.
Am Nachmittag erreichte ein weiteres Boot
mit 48 Immigranten an Bord ebenfalls den
Süden von Teneriffa. Unter den illegalen Einwanderern befanden sich zahlreiche Min-
derjährige. Beide Flüchtlingsboote waren
von der mauretanischen Küste aus gestartet. Die Zahl der Immigranten steigt immer
mehr an, da die für die Überfahrt benutzten
Boote immer größer und stabiler werden.
Die meisten sind mit Fiberglas beschichtet
und bieten Platz für 40 bis 50 Personen. Die
kanarische Regierung hat Mauretanien gestern Hilfe und Unterstützung angeboten, um
eine bessere Überwachung und Kontrolle
der Immigration zu gewährleisten.

„Los Cristianos, das ist doch da, wo wir immer hinfahren!", rief Melanie.

„Ja, eben!", sagte der Vater. „Könnt ihr euch vorstellen, wir liegen da am Strand und dann kommen die Boote mit diesen halb verhungerten Schwarzen? Das ist doch kein Urlaub. Bei solchen Bildern kann ich mich nicht erholen."

„Die armen Menschen", meinte die Mutter. „Es sind auch Kinder dabei. Und wer weiß, wie viele Boote auf der Überfahrt gekentert sind."

„Immer diese illegalen Ausländer!", schimpfte Maik. „Überall trifft man sie. Bei uns in der Schule und jetzt auch noch am Strand."

„Die kommen bestimmt nachts an", meinte die Mutter, die gar nicht zugehört hatte. „Davon sieht man als Urlauber nichts."

„Und wo sind sie dann am Tag? Wahrscheinlich verstecken sie sich und brechen dann in die Hotelzimmer ein. Nee, das brauche ich nicht", meinte der Vater.

„Ich auch nicht!", sagte Maik.

„Und Oma?", fragte Moritz. „Wir haben ihr versprochen, dass wir sie besuchen."

„Du kannst ja alleine fahren", schlug Maik vor.

„Wir fahren alle!", entschied die Mutter. „Moritz hat recht. Wir können Oma nicht hängen lassen. Die freut sich doch auf uns. Und außerdem wird das Problem mit den Illegalen nicht kleiner, wenn wir das einfach ausblenden. Im Moment gehören die Boote mit illegalen Einwanderern zum Leben auf Teneriffa. Ich persönlich finde es sogar gut, wenn wir alle einmal erfahren, was Menschen so alles auf sich nehmen, um der Armut zu entkommen."

Maik stand wütend auf: „Wofür haben wir denn Grenzen? Wenn alle, die Hunger haben, nach Europa kommen, was bleibt dann für uns übrig? Erst kommen sie nach Teneriffa und dann hierher." Er ging aus der Küche.

„Nun übertreib aber nicht, Maik. Keine Sorge, du wirst weiterhin satt werden!", rief die Mutter ihm nach.

„Na, das wird ja ein ganz toller Urlaub", brummte der Vater. „Sonne, Meer, Strand und dazu Streitgespräche über Hunger und Armut in Afrika."

Nur Moritz war glücklich. Oma Fliederbusch hatte ihm per E-Mail von einer Fledermaushöhle erzählt, die sie bei einem Streifzug in der Nähe des Strands entdeckt hatte und ihm zeigen wollte. Eine Kolonie von kanarischen Langohrfledermäusen.

Du kannst bei mir wohnen, hatte sie geschrieben. *Meine Freundin ist nicht da und dann können wir nachts zusammen auf Fledermauspirsch gehen.*

Und solange die Flüchtlinge aus Afrika nicht seine Fledermäuse vertrieben, war es Moritz ziemlich egal, wann und wo sie mit ihren Booten landeten.

Die Projektwoche wurde genau so, wie Moritz es sich erhofft hatte. Am Ende der Woche waren tatsächlich 14 komplette Fledermausnistkästen entstanden. Wer wollte, konnte seinen mit nach Hause nehmen und im eigenen Garten aufhängen. Die anderen sollten in den Schulgarten gebracht werden.

Moritz schmuggelte seinen Nistkasten unbemerkt zum Gutshof und hängte ihn mithilfe einer Leiter in einem

Baum in der Nähe des Sees auf, wo er vor den Augen seiner Familie verborgen war.

Außer ihm hatte nur noch Hua ihren Nistkasten mitgenommen. Moritz half mit, den Kasten bei ihr im Garten in einem Baum zu befestigen. Danach wurde er noch von Huas Mutter zum Abendessen eingeladen. Vor ihr musste Hua den Nistkasten nicht verstecken.

„Fledermäuse sind doch Glücksbringer!", sagte Huas Mutter. „Es bringt der Familie Glück und Reichtum, wenn Fledermäuse im Garten wohnen."

„Das sollten Sie mal meiner Mutter erzählen. Mir glaubt sie ja nicht."

Hua besaß sogar einen Detektor. Den hatte sie vor einem halben Jahr in Bad Segeberg bei der 10. Europäischen Nacht der Fledermäuse gekauft.

„Nacht der Fledermäuse? Noch nie gehört", sagte Moritz.

„Jedes Jahr im August. Da kann man auch gebrauchte Detektoren kaufen. Wenn du willst, frage ich meine Eltern, ob du nächstes Mal mitfahren kannst."

„Das wäre toll! … Meine Oma hat übrigens auf Teneriffa kanarische Langohrfledermäuse entdeckt."

Von denen hatte Hua noch nichts gehört. „Du kannst den Detektor mitnehmen und an dein Aufnahmegerät anschließen."

Glücklich zog Moritz mit dem Detektor ab. Erst als er auf dem Heimweg am Fußballplatz vorbeiradelte und Artur und Hamid und die anderen spielen sah, fiel ihm wieder ein, dass er ja mit ihnen verabredet gewesen war. Er hoffte, dass sie ihn nicht sehen würden.

Vergeblich.

Artur und Hamid kamen winkend und rufend angelaufen. „Wo warst du denn? Wir haben auf dich gewartet."

„Ich war … ich habe Hua geholfen …"

Hamid und Artur sahen sich an. „Hua? Deine neue Freundin, oder was? Und dann vergisst du uns so einfach?"

In diesem Moment klingelte Moritz' Handy. Es war Hua. Er hatte das Mikro vom Detektor liegen gelassen.

„Ja, ich komm sofort zurück!", sagte Moritz und sah seine Freunde entschuldigend an. „Das Mikro …"

Artur tippte sich an die Stirn. „Ist mir doch egal, ob Hua oder irgendein Mikro. Du hast dann wohl keine Zeit mehr zum Spielen, oder?"

Moritz schüttelte den Kopf. „Ich muss den Detektor ausprobieren. Ich will ihn doch mit in den Urlaub nehmen … Ich …" Verlegen sah er seine Freunde an.

„Na dann, bis irgendwann mal, wenn du wieder Zeit hast", sagte Artur und zog Hamid zurück zu den anderen auf den Platz.

Moritz drückte den Detektor fest an sich. Er wäre ihnen am liebsten nachgelaufen, aber ohne Mikro konnte er nichts hören.

Er fuhr zurück zu Hua. Artur und Hamid mussten warten. Schließlich war es ja kein Verbrechen, mal ein Fußballspiel zu verpassen. Und mit Hua hatte er zum ersten Mal jemanden kennengelernt, der die Sache mit den Fledermäusen genauso ernst nahm wie er.

8

Die nächsten Nächte waren kurz. Moritz wartete, bis seine Eltern ins Bett gingen, und schlich dann in den Garten, unter dem Arm Huas Detektor.

Er befestigte das Kabel und setzte sich die Kopfhörer auf. Das Mikrofon vor sich herhaltend lief er durch den Garten. Keine Geräusche, die auf Fledermäuse hindeuteten, bis er zum Gartenteich kam. Es knackte im Mikro, suchend schaute Moritz umher.

Dann sah er den schwarzen Schatten einer Wasserfledermaus, die in schnellen Schwirrflügen direkt über dem Wasser des Teiches flog. Bis zu 4000 Insekten würde sie in dieser Nacht verspeisen. Er lauschte den eigenartigen Tönen, sah noch weitere Fledermäuse und war sehr zufrieden.

Am Abend vor dem Abflug nach Teneriffa ging er ein letztes Mal durch den Garten. Mit seinem Aufnahmegerät nahm er die Töne einer Wasserfledermaus auf. Die Aufnahme wollte er Oma Fliederbusch als Geschenk mitbringen. Als er auf dem Rückweg ins Haus war, hörte er vom Gartenhaus auf dem Nachbargrundstück Stimmen. Das war nichts Neues, denn dort trafen sich fast jeden Abend Florian, der Nachbarjunge, und seine Freunde, zu denen auch Maik gehörte. Normalerweise hätte Moritz sich deshalb nichts dabei gedacht und wäre einfach ins Bett gegangen. Schließlich ging es am nächsten Morgen schon früh los. Aber durch das offene Fenster des Gartenhauses flog ein Wort zu ihm, das ihn aufhorchen ließ: „Klassenliste."

Moritz kroch durch das Gewirr von Tannenzweigen, das das Nachbargrundstück von ihrem eigenen trennte. Er schlich leise zum Gartenhaus und stellte sich unter das offene Fenster. Aufgeregt lauschte er auf die Stimmen, unter denen er auch Maiks erkannte.

„Wir haben jetzt alle Adressen zusammen", hörte er eine Stimme sagen. „Wir schicken die Liste an die Polizei, anonym versteht sich. Und dann können die mal vergleichen, ob alle Schüler auf der Liste auch in Familien wohnen, die offiziell gemeldet sind."

„Meine Mutter weiß ganz sicher, dass es zum Beispiel in der Klasse von meinem Bruder Schüler gibt, deren Familien illegal hier sind. Leider wollte sie mir die Namen nicht nennen." Das war Maik.

Moritz spürte, wie sein Kopf vor Zorn ganz heiß wurde. Sein Bruder war ein richtiger Idiot!

„Kein Problem! Das wird die Polizei schon rausfinden. Und dann – ab mit ihnen!"

„Gut so!", rief jemand. „Niemand darf auf unsere Kosten hier leben. Das sind doch alles Schmarotzer. Die schwarze Sarah wollte sich sogar zum Nachhilfeunterricht anmelden! Wenn die nicht lesen kann, ist das ihr Problem."

„Genau, wir helfen ihr doch nicht, damit sie später einem von uns den Arbeitsplatz wegnehmen kann! Man muss die alle zurück in ihre Heimatländer schicken. Hierher gehören sie nicht."

„Richtig!", sagte eine andere Stimme. „Ich hab hier die Klassenliste von deinem Bruder, Maik. Zum Beispiel Hamid Özgen. Aus dem wird nie im Leben ein guter Deutscher. Bei dem Namen."

Alle lachten.

Moritz hätte am liebsten durch das Fenster geschrien: Woher wollt ihr das wissen? Ihr kennt ihn doch gar nicht! Hamid ist ein super Fußballspieler und er mag Fledermäuse! – War das nicht wichtiger, als einen deutschen Namen zu haben?

„Meine Mutter ist genauso wie die von Maik", sagte eine andere Stimme. „Sie sagt immer: ‚Fremd ist nur das, was wir nicht kennen.' Aber ich frage euch: Warum sollen wir diese Hamids und Olgas kennenlernen? Die gehören nicht hierher! Punkt. Aus die Maus."

In diesem Moment sah Moritz einen Schatten über sich am Fenster, etwas Glühendes fiel auf seinen Kopf: Zigarettenasche. Moritz schrie vor Schreck auf und schüttelte seine Haare aus.

Jemand beugte sich aus dem Fenster. „He, Leute, hier lauscht einer! Wen haben wir denn da?"

Ehe Moritz wegrennen konnte, griffen Hände durchs Fenster und hielten ihn fest. Dann kam einer aus dem Haus gelaufen und packte ihn. Moritz schlug um sich, aber zu zweit zerrten sie ihn ins Gartenhaus. Er blinzelte in grelles Licht.

„Moritz! Was machst du hier!?" Maik war genauso entsetzt wie sein kleiner Bruder.

„Kennst du den?", fragte einer der jungen Männer, der offenbar der Anführer war.

„Das ist … also, das ist mein Bruder", stotterte Maik. Die Situation war ihm offenbar peinlich. „Wir wohnen doch direkt nebenan. Er wollte bestimmt nur seine Fledermäuse beobachten." Er zeigte auf den Detektor, den Moritz in der Hand hielt.

Aus halb zugekniffenen Augen schaute Moritz sich in der Hütte um. Zehn Jugendliche in Maiks Alter oder älter saßen um einen großen Tisch herum. Sie starrten Moritz böse an. Er wäre am liebsten davongelaufen, aber einer hielt ihn so fest am Arm, dass er sich nicht rühren konnte. Mit Sicherheit gab das einen dicken blauen Fleck.

„Wie lange stehst du da schon?"

Moritz schwitzte vor Angst und brachte kein Wort heraus.

Der Junge, der ihn festhielt, puffte ihn in den Rücken, sodass Moritz beinahe hinfiel. „Na los, sag schon! Wenn unser Anführer dir eine Frage stellt, musst du antworten!"

„Ich … also, ich habe nur Fledermäuse beobachtet. Ich hab nur ganz kurz am Fenster gestanden. Ich wollte nicht lauschen. Aber ihr habt so laut geredet."

„Fledermäuse", sagte der Anführer. „Komisches Hobby. Du musst aufpassen, dass sie dich nicht beißen!"

„Fledermäuse beißen nicht! Das sagen nur …!" Dummköpfe, wollte Moritz sagen, aber Maik unterbrach ihn hastig. „Der verrät bestimmt nichts. Dafür garantiere ich. Wir fliegen morgen nach Teneriffa. Und wenn wir zurückkommen, ist schon alles vorbei."

„Dann nimm jetzt deinen Bruder und lass ihn bis zum Abflug nicht aus den Augen. Verstanden? Und sieh zu, dass er euren Eltern nichts steckt! Du bist verantwortlich für ihn!"

Maik nickte. Dann packte er Moritz am Arm und zog ihn nach draußen.

„Großartig hast du das gemacht. Wie stehe ich denn jetzt da vor meinen Freunden?" Er puffte Moritz in den Rücken.

„Komische Freunde hast du!", sagte Moritz.

„Ach, halt einfach nur den Mund. Was verstehst denn du schon!"

Sie schlichen ins Haus, wo der Rest der Familie bereits schlief. Schließlich sollte es um fünf Uhr losgehen.

„Du legst dich jetzt ins Bett – und wehe, du erzählst irgendjemandem von heute Abend. Dann sorge ich dafür,

dass deine Fledermäuse auf dem Dachboden ersticken. Klar?"

Moritz nickte. Er zog sich die Bettdecke über den Kopf und wartete, bis Maik das Zimmer verlassen hatte. Besonders gut hatte er sich noch nie mit seinem Bruder verstanden, aber seit dieser Sache mit der Liste war er ihm richtig fremd geworden – und heute Abend, das war wirklich der Gipfel!

„Koffer gepackt, Moritz?" Die Stimme seiner Mutter schallte von unten herauf. Moritz gähnte. Es war fünf Uhr früh und die ganze Familie war im Stress. Die Koffer hätten schon am Vortag fertig gepackt sein sollen, aber wie jedes Jahr hatte das niemand geschafft. So herrschte in der letzten Stunde vor der Abreise Chaos im ganzen Haus.

Moritz hörte die Schritte seiner Mutter auf der Treppe. „Vergiss deine Schnorchelsachen nicht!"

Gleich würde sie ins Zimmer kommen. Hastig holte Moritz drei T-Shirts aus dem Schrank und warf sie in den Koffer. Eine Jeans und sein Regenzeug flogen hinterher. Ein prüfender Blick – jetzt konnte sie kommen.

Nichts verriet mehr, dass unter seiner Kleidung Huas Fledermausdetektor und sein Aufnahmegerät lagen. Die Mutter und vor allem Melanie mussten ja nicht unbedingt vor der Reise erfahren, dass er diesen Urlaub dazu nutzen wollte, die Rufe der kanarischen Langohrfledermaus aufzunehmen. Auch den Kleinen Abendsegler hoffte er zu finden.

„Na, wie weit bist du?" Die Mutter drückte ihm noch einen Stapel gebügelter T-Shirts in die Hand.

„So viele brauche ich gar nicht", protestierte Moritz.

„Oh doch! Ich hab nicht vor, in der einen Woche Urlaub zu waschen, also nimm lieber ein paar mehr mit. Dein Koffer ist groß genug."

Seufzend packte Moritz sein Fledermausbestimmungsbuch wieder aus und legte stattdessen die T-Shirts in den Koffer. Dann setzte er sich auf sein Bett und studierte das Bild der Kanaren-Langohrfledermaus, die nur auf Teneriffa und den umliegenden Inseln vorkommt. Sie war etwas nördlich von dem Strand, zu dem sie seit Jahren fuhren, gesichtet worden. Er selbst hatte sie noch nie gesehen. Aber in diesem Jahr würde er sie sicher mithilfe des Detektors aufspüren, dort, wo die Höhlen in den Klippen lagen.

„Moritz! Wir müssen los!"

Das Hotel, in dem sie auch dieses Jahr wohnten, lag nur 20 Kilometer vom Flughafen Reina Sofia im Süden Teneriffas entfernt. Zu den berühmten Stränden von Las Américas waren es nur zwei Kilometer.

Die Großmutter wartete am Flughafen und freute sich alle wiederzusehen. „Frag deine Mutter, ob du heute bei mir übernachten kannst", flüsterte sie Moritz zu. „Du weißt schon."

„Ich hab den Detektor von Hua dabei! Und mein Aufnahmegerät."

Oma Fliederbusch zwinkerte ihm zu. Nach dem Abendessen fuhr er mit ihr zu dem Appartement in Strandnähe, das ihrer Freundin gehörte.

„Luise ist bei ihrer Familie in Deutschland. Da kannst du ihr Zimmer haben", sagte sie. „Wir gehen früh schlafen und morgen vor Sonnenaufgang wandern wir zur Höhle."

Schon am zweiten Urlaubstag saß Moritz um vier Uhr morgens neben seiner Großmutter oberhalb vom Strand am Eingang einer Höhle und schaute aufs Meer. Jeden Augenblick konnten die Fledermäuse einfliegen. Angestrengt starrte Moritz in die dunkle Nacht.

Weit draußen auf dem Meer entdeckte er kleine, glitzernde Punkte, die über das Wasser tanzten.

„Vielleicht sind das Boote mit illegalen Flüchtlingen."

„Ja", bestätigte die Großmutter. „Jede Nacht kommen sie an und die Menschen versuchen sich dann zu verstecken. Sie wollen untertauchen und irgendwo Arbeit finden. Aber die meisten werden vorher von der Polizei abgefangen. Die suchen inzwischen mit ganz moderner Technik, Radar und so. Da entgeht ihnen kaum ein Boot."

„Und dann? Was passiert mit den Menschen?"

„Wenn man weiß, woher sie kommen, schickt man sie zurück. Im Moment kommen die meisten aus Mauretanien. Das ist eines der ärmsten Länder der Welt."

„Maik sagt, die Illegalen sollen da bleiben, wo sie herkommen … In meiner Schule gibt es auch welche."

„Ich weiß", sagte die Großmutter. „Jedes Jahr hatten wir welche beim Erdbeerpflücken. Sie kamen aus dem Osten, aus Russland und der Ukraine. Ich hab sie nicht nach ihrem Pass gefragt. Sie haben gute Arbeit geleistet, das war alles, was wichtig war."

„Maik sagt, wenn das alle machen, kommen immer mehr und wir haben so schon keine Arbeit für die Deutschen."

Die Großmutter schwieg. „Ich weiß auch nicht, was man machen soll", sagte sie schließlich. „Ich weiß nur, dass diese Menschen nicht in kleine Boote steigen, weil es ihnen Spaß macht. Sie tun es, weil die Not bei ihnen zu Hause größer ist als die Angst vor dem Meer."

Und dann kamen sie angeflogen, die Fledermäuse. Es waren Hunderte, die in Gruppen und einzeln um den Höhleneingang sirrten und dann im Inneren verschwanden. Bis zum Sonnenaufgang saßen Moritz und seine Großmutter da und beobachteten die Fledermäuse. Abwechselnd setzten sie die Kopfhörer von Huas Detektor auf und lauschten den Zirplauten.

„Was machen die Zweifarbfledermäuse zu Hause?", fragte Oma Fliederbusch, als sie sich wenig später auf den Rückweg machten.

„Alles im grünen Bereich", sagte Moritz. „Maik weiß Bescheid. Aber er verrät nichts."

„Gut so!", sagte die Großmutter. „Wenn ihr erst mal im Haus wohnt, werden alle es merken, aber bis dahin ist es besser, niemand außer euch weiß davon."

Auch in den nächsten Tagen schlief Moritz bei Oma Fliederbusch – zur Freude von Maik, der auf diese Weise das Hotelzimmer ganz für sich allein hatte. Noch nie hatte Moritz die Ferien auf Teneriffa so genossen. Schade, dass Hua nicht hier war!

Tagsüber machte Moritz Ausflüge mit dem Rest der Familie, während sich Oma Fliederbusch ausruhte. So fuhren sie in den Nationalpark, ein Ausflug, der jedes Jahr zum festen Programm gehörte. Moritz, der seinen Detektor im Rucksack mitschleppte, wäre gerne bis zur Dämmerung geblieben. Seine Eltern waren auch einverstanden, als Melanie plötzlich einfiel, dass sie hier im letzten Jahr eine Menge Fledermäuse auf Nahrungssuche gesehen hatten. Sie wollte auf gar keinen Fall bis zum Sonnenuntergang warten und machte ein solches Theater, dass die ganze Familie wieder zurück im Hotel war, bevor Moritz auch nur eine einzige Fledermaus gesehen hatte.

Moritz schäumte vor Wut. Er verabschiedete sich gleich nach dem Abendessen und lief zu Oma Fliederbusch. Er hatte nicht vor, sich seine Fledermausforschungen vermiesen zu lassen, nur weil seine Prinzessinnenschwester wie immer die ganze Familie tyrannisierte!

Einige Stunden später saßen Moritz und Oma Fliederbusch wieder am Rand der Klippen und beobachteten die umherfliegenden Fledermäuse. Plötzlich hörten sie Motorengeräusche vom Strand her. Im Mondlicht erkannten sie drei Boote, die direkt auf den Strand zuhielten. Dann verstummten die Geräusche, die Motoren waren ausgeschaltet worden. Die Boote wurden von den Wellen immer näher ans Ufer getrieben. Kurz bevor sie auf den Sand aufliefen, sprangen dunkle Schatten aus den Booten. Stimmen drangen zu ihnen herüber. Die Schatten wateten durch das Wasser. Sie schienen sehr erschöpft zu sein, denn die meisten ließen sich in den Sand fallen, sobald sie den Strand erreicht hatten.

Moritz hielt den Atem an.

„Das sind sie, die Illegalen aus Afrika", flüsterte Oma Fliederbusch. Sie zeigte auf ein schwaches Licht mitten auf dem Meer. „Siehst du das? Das ist wahrscheinlich ein Patrouillenboot der Polizei. Die hier haben Glück gehabt."

Die Flüchtlinge am Strand waren inzwischen wieder aufgestanden und schwankten durch den Sand.

Oma Fliederbusch zog Moritz ein Stück in die Höhle hinein. „Wir warten lieber, bis sie weg sind."

In der Höhle war es dunkel. Sie tasteten sich mit den Händen vorwärts, bis sie einen kleinen Felsvorsprung erreichten, hinter dem sie sich versteckten.

Die Stimmen kamen näher.

„Die wollen auch in die Höhle!", flüsterte Moritz erschrocken. „Lass uns abhauen!"

Oma Fliederbusch hielt ihn am Arm fest. Es war zu spät. Die ersten Flüchtlinge hatten die Höhle erreicht und warfen sich auf den Boden, wo sie sofort einschliefen. Es waren überwiegend Männer, zwei Frauen und ein vielleicht zwölfjähriger Junge. Ihre dunklen Gesichter waren in der Höhle kaum zu erkennen.

Mit klopfendem Herzen warteten Moritz und seine Oma eine ganze Weile, bis sie sicher waren, dass alle vor Erschöpfung fest schliefen. Dann stiegen sie leise über die Schlafenden hinweg und gingen zurück: Oma Fliederbusch in ihr Appartement, Moritz zum Frühstücksbuffet ins Hotel.

Erst als er dort ankam, fiel Moritz auf, dass er den Rucksack mit Huas Detektor und seinem Aufnahmegerät in der Höhle vergessen hatte. Von seiner Familie war noch niemand zu sehen. Also schnappte er sich ein Brötchen vom Buffet und rannte los.

Vorsichtig näherte er sich der Höhle, nachdem er sich vergewissert hatte, dass die ersten Badegäste bereits ihre Handtücher am Strand ausgelegt hatten. So konnte er wenigstens um Hilfe schreien, wenn die Flüchtlinge ihm seinen Rucksack nicht zurückgeben wollten.

Aber die Höhle war leer – bis auf die Fledermäuse, die friedlich an der Höhlendecke schliefen. Moritz ging zu dem Felsbrocken, hinter dem sein Rucksack stehen musste, als er plötzlich ein Geräusch hörte. Erschrocken duckte er sich und spähte umher. Es war nichts zu sehen und auch nichts mehr zu hören. Am liebsten wäre Moritz aus der Höhle gelaufen. Er schwitzte vor Angst. Millimeter

für Millimeter kroch er auf allen vieren weiter zum Felsen. Noch einmal schaute er sich um. Nichts. Er kroch um den Felsen herum – und sprang mit einem Schrei auf: Große, entsetzte Augen blickten ihn an! Ein Junge hockte zusammengekauert auf dem Boden. Sein schwarzes Gesicht war tränenüberströmt. Der Junge sprang ebenfalls auf und hob seine Arme über den Kopf.

Moritz streckte ganz langsam, um ihn nicht noch mehr zu erschrecken, seine Hände nach vorn, mit offenen Handflächen, so wie er es in einem Film gesehen hatte. Offene Handflächen zum Zeichen, dass man dem ande-

ren nichts Böses wollte. Dann ging er ein paar Schritte auf den fremden Jungen zu, der langsam zurückwich.

Moritz sah, dass sein Rucksack neben dem Jungen stand. Er versuchte ihm mit den Händen Zeichen zu machen, dass der Rucksack ihm gehörte. Der Junge schien ihn zu verstehen. Er lächelte vorsichtig und reichte Moritz den Rucksack, der ihn sofort öffnete. Alles war noch da.

„Dónde están los otros? Where are the others?" Moritz versuchte es auf Spanisch und auf Englisch, um zu erfahren, wo die anderen Flüchtlinge geblieben waren.

„Je ne comprends pas!" Der Junge machte eine bedauernde Handbewegung.

Das klang französisch, aber diese Sprache konnte Moritz nicht. Er zeigte mit der Hand in der Höhle herum, zuckte mit den Schultern und dann schien der Junge zu verstehen. Er zeigte mit der Hand in Richtung der nächsten Stadt und dann nach oben. Anschließend malte er in den Höhlensand einen Halbmond, was Moritz so interpretierte, dass die anderen den Tag über unterwegs waren auf der Suche nach Arbeit. Sie würden erst bei Dunkelheit zurückkommen. Das war ja auch ratsam, denn tagsüber wimmelte es hier von Badegästen. Den Jungen hatten sie offenbar zurückgelassen.

Moritz machte eine Essbewegung. Der Junge legte seine Hand auf den Bauch und machte ein trauriges Gesicht.

Moritz überlegte. Im Hotel stand noch bis 11:00 Uhr ein Mammutbuffet. Das meiste davon wurde danach abgeräumt und zum Teil weggeworfen. Also konnte eigentlich niemand etwas dagegen haben, wenn er den Jungen mit zum Frühstücken nahm. Aber so, wie er aussah, ging das nicht: zerrissene Hose, dreckiges T-Shirt. Jeder Kellner würde sofort Verdacht schöpfen und ihn vor die Tür setzen – oder, schlimmer noch, die Polizei holen.

Moritz gab dem Jungen ein Zeichen, dass er warten solle, und rannte zum Hotel zurück. Jetzt war er seiner Mutter dankbar, dass er so viele T-Shirts hatte mitnehmen müssen. Er schnappte sich ein T-Shirt und eine kurze Hose und rannte zurück.

9

Wenig später war Moritz mit dem Jungen im Hotel. Zum Glück gingen die meisten Hotelgäste so früh noch nicht zum Frühstück, auch Moritz' Familie nicht. Dennoch erregte Moritz' neuer Freund einiges Aufsehen. Zunächst mal gab es im ganzen Hotel keine schwarzen Gäste und dann füllte er nicht einfach seinen Teller voll, sondern stand nur da und staunte: Auf zwei langen Tischreihen standen Körbe mit verschiedenen Brötchen, Aufschnittplatten, Käse, Eier, Würstchen, Cornflakes, Tee und Kaffee, die verschiedensten Säfte und frisches Obst.

Das war für Moritz nichts Besonderes, auch bei ihm zu Hause gab es immer mehr als genug zu essen. Der Flüchtling dagegen fühlte sich wahrscheinlich wie im Schlaraffenland.

„Alles in Ordnung?", fragte ein herbeigeeilter Kellner, der den Jungen auf Deutsch ansprach, weil er neben Moritz stand. Der Junge zuckte zusammen und schaute den Kellner ängstlich an.

„Ich mach das schon", sagte Moritz schnell. „Mein Freund überlegt immer so lange."

„Gehört er zu eurer Familie?"

„Klar", sagte Moritz. „Ist der Sohn meiner Tante. Macht dieses Jahr Urlaub mit uns."

Der Kellner schaute ein wenig misstrauisch, dann zuckte er mit den Schultern und ging.

Moritz nahm dem erschreckten Jungen den Teller aus der Hand und füllte Rührei mit Speck, ein Brötchen, Fleischklößchen und einige Scheiben Wurst darauf. Danach dirigierte er ihn zu einem Tisch in der Ecke. „So, nun iss mal, bevor der Kellner kommt und uns rausschmeißt. Was du im Bauch hast, kann man dir nicht wieder wegnehmen."

Obwohl der Flüchtling die Worte nicht verstehen konnte, hatte er wohl gerade das Gleiche gedacht. Er verschlang alles innerhalb weniger Minuten.

Moritz ging noch einmal zum Buffet und füllte einen Teller voll. Der Junge zeigte auf seinen Bauch und schüttelte den Kopf. Er war satt.

„Zum Mitnehmen", flüsterte Moritz. „Für heute Abend. Wer weiß, wann du wieder was zu essen kriegst." Er wickelte alles in mehrere Servietten und winkte dem Jungen, ihm zu folgen.

Im Untergeschoss des Hotels gab es ein Internetcafé. Hier standen den Hotelgästen vier Computer zur freien Verfügung. Moritz setzte sich und zog für seinen Freund einen weiteren Stuhl heran. Dann googelte er eine Karte von Afrika, tippte ihm auf die Brust und anschließend auf die Karte.

Der Junge sah zuerst verwundert auf die Karte, dann verstand er. Er tippte auf ein Land südlich von Marokko und der Westsahara: Mauretanien. Moritz musste lachen. Sein Name, so hatte seine Mutter ihm früher mal erklärt, kam vom heiligen Mauritius, was so viel hieß wie „Mann aus Mauretanien".

Auf dem Bildschirm war nun zu lesen, dass Mauretanien zu den ärmsten Ländern der Erde zählte und dass Hunderttausende das Land bereits auf der Suche nach Arbeit verlassen hatten, auf dem Landweg nach Nordafrika und übers Meer nach Europa. Dieser Weg führte an Teneriffa und den Kanarischen Inseln vorbei. Ungefähr elf Tage waren die Boote auf dem Meer, las Moritz. Manchmal gab es nicht genug zu essen und zu trinken, nachts war es kalt und tagsüber brannte die Sonne. Im Boot war es eng, man konnte sich kaum bewegen.

Der schwarze Junge tippte mit dem Finger auf eine Hafenstadt: Nouadhibou. Er nahm ein Blatt vom Hotelblock und malte ein Boot, dann einen Mann: „Mon père!" Daneben zeichnete er einen kleinen Jungen. „Ali!", sagte er und tippte sich auf die Brust. Mit dem Finger fuhr er über das Meer. „Ténérife!" Er malte eine Frau und vier kleine Kinder. Allen tropften Tränen aus den Augen. „Maman", sagte er und sah auf einmal ganz traurig aus.

Dann wurde Ali unruhig. Er machte Moritz Zeichen, dass er zurück zum Strand wollte. „Père!", sagte er und zeigte auf sich. „Mon père."

Wahrscheinlich hatte er Angst, dass sein Vater und die anderen Flüchtlinge zurückkommen und ihn nicht mehr finden würden.

Vor dem Fahrstuhl fiel Moritz ein, dass er die Servietten mit dem Essen für Ali neben dem Computer liegen gelassen hatte. Er ging noch einmal zurück, um sie zu holen.

Als er mit den Servietten zurückkam, stand Ali zitternd vor dem Fahrstuhl. Neben ihm stand Maik, der ihn wütend anschrie: „Du Dieb! Das ist das T-Shirt von meinem Bruder. Und die Hose auch."

Ali wollte fliehen, aber Maik hielt ihn am Arm fest und rief Moritz zu: „Der muss in unserem Zimmer gewesen sein! Der trägt dein T-Shirt! Ruf die Polizei an! Ich hab's ja gewusst. Die kommen hierher und klauen."

Alis erschreckte Augen zeigten, dass er zumindest ahnte, was die letzten Worte bedeuteten. Er versuchte sich loszureißen. Aber Maik hielt ihn so fest, dass Ali vor Schmerzen schrie.

„Lass ihn los, Maik! Ich hab ihm die Sachen geschenkt."

„Du? Wer ist der Kerl überhaupt?"

„Ein Freund aus dem Dorf. Lass ihn los!"

Sobald Maik seinen Griff ein wenig lockerte, riss sich Ali los und rannte über die Treppen davon. Maik starrte erst ihm hinterher und dann auf Moritz. „Der wohnt nie im Leben hier im Dorf! Weißt du, was ich glaube? Das ist einer von diesen Illegalen aus den Booten. Du gehst doch immer in die Höhlen am Strand. Hast du den vielleicht da gefunden?"

Moritz schwieg.

„Hab ich's doch gewusst!", rief Maik triumphierend. „Ich ruf jetzt die Polizei an. Wie kannst du ihn nur mit ins Hotel schleppen? Wenn der jetzt noch ein paar Zimmer ausraubt, kriegst du richtig Ärger."

„So was macht Ali nicht. Bloß weil der aus einem armen Land kommt, ist er doch nicht gleich ein Dieb."

„Woher kommt er denn, dein Ali?"

„Aus Mauretanien. Und sein Vater sucht hier Arbeit."

„Und ich bin der Weihnachtsmann", sagte Maik. „Das ist wie bei uns. Der sucht doch nur 'ne Möglichkeit, um auf Kosten der Einheimischen hier zu leben … Ist ja auch egal, ich ruf jetzt die Polizei und dann sollen die mal am Strand suchen. Wahrscheinlich finden sie da noch mehr von der Sippschaft."

„Wenn du die Polizei anrufst, erzähle ich Mutter von deinen Freunden. Und von den Listen."

„Und weißt du auch, was ich ihr dann erzähle? Es fängt mit Fleder- an und hört mit -maus auf."

Moritz hielt die Luft an – fünf Sekunden, zehn Sekunden, fünfzehn Sekunden. Dann sagte er ganz ruhig: „Mach das, erzähl Mutter ruhig davon."

Maik schaute ihn spöttisch an. „Sicher? Denk an die Fledermäuse in Großmutters Haus …"

Moritz schaute seinen Bruder an und schwieg.

„Also gut, dieser Ali scheint dir ja sogar wichtiger zu sein als deine Vampire."

Moritz zuckte mit den Schultern. Heute konnte er sich über Beleidigungen seiner Lieblingstiere nicht aufregen.

„Dann suche ich mal unsere Mutter und Melanie. Die werden sich freuen, wenn ich ihnen von Omas Fledermausparadies erzähle." Maik ging einen Schritt Richtung Fahrstuhl, schaute sich noch einmal um, aber Moritz war längst weg und rannte hinter Ali her.

So gut der Morgen angefangen hatte – jetzt lief einfach alles schief: Ali war vom Portier eingefangen worden, als er durch die Eingangshalle gestürmt war und dabei eine Touristin umgerannt hatte. Jetzt hielten sie ihn zu zweit fest. Ali strampelte und trat um sich.

Moritz wollte ihm helfen. „Loslassen!", schrie er. „Er ist mein Freund!"

„Das werden wir prüfen", sagte der Portier auf Deutsch. „Ich habe da einen anderen Verdacht."

„Ich auch!", zischte Maik, der inzwischen ebenfalls in der Eingangshalle angekommen war, Moritz zu.

Die Polizei traf ein. Ali wurde gefragt, wo er wohne. Erst auf Spanisch, dann auf Englisch. Ali senkte den Kopf und schwieg. Schließlich versuchte der Portier es auf Französisch. Ali hob den Kopf und antwortete leise.

„Was sagt er?" Moritz stieß Maik an.

„Er sagt, dass er alleine mit dem Boot gekommen ist, aber das glauben sie ihm nicht", übersetzte Maik.

„Was machen sie mit ihm?"

„Er kommt in ein Flüchtlingscamp. Und dann zurück in sein Heimatland."

„Hat dein Freund dir gesagt, woher er kommt?", wollte der Polizist von Moritz wissen.

Moritz schwieg. Er war wütend auf die Polizisten und würde ihnen bestimmt nicht freiwillig helfen.

„Er kommt aus Mauretanien", sagte Maik.

„Danke für den Hinweis." Die Polizisten nahmen Ali mit.

„Je reviens!", rief Ali zum Abschied.

Ein Mann neben Moritz lachte. „Na, dann lass dich aber nicht wieder so schnell erwischen, Kleiner!", rief er ihm nach.

„Was hat er gesagt?", fragte Moritz.

„Er sagt, er kommt zurück. Er versucht es wieder. Verrückt sind diese Schwarzen. Wenn er Pech hat, sinkt sein Boot. Und was hat er dann von dem ganzen Abenteuer gehabt?"

„Es ist kein Abenteuer", sagte Moritz leise. „Er ist mit seinem Vater gekommen. Der Vater hat Arbeit gesucht, um Geld zu seiner Familie nach Hause zu schicken. Und Ali wollte auch arbeiten."

„Ja, ja!", sagte der Mann aufgebracht. „Das stellen die sich in Afrika alle so leicht vor. Als ob hier die gebratenen Hühner auf der Straße liegen. Das ist bei uns zu Hause mit den vielen Ausländern auch nicht anders. Und am Ende kriegen sie Hartz IV – und wer muss sie dann durchfüttern? Ich und alle anderen, die hart arbeiten.

Und wenn ich dann zur Erholung fahre und meine wohl-verdienten paar Urlaubstage genießen will, dann liegen am Strand statt Muscheln Schwarze, illegale Flüchtlinge. Dabei soll man sich erholen? Ich hab im Prinzip nichts gegen deinen schwarzen Freund, aber nicht an meinem Strand. Und außerdem, glaub mir, der wird glücklicher, wenn er erst mal bei sich zu Hause Arbeit sucht." Der Mann holte Luft.

Eine Frau mischte sich ein: „Solange es reiche und arme Länder gibt, werden sie immer wiederkommen. Hier und auch bei uns zu Hause. Nicht, weil sie uns das Leben schwer machen wollen, sondern weil sie verzweifelt sind."

„Ich bin auch manchmal verzweifelt, aber darum steige ich nicht gleich in so 'ne Nussschale, in der man bei jedem Sturm kentern kann."

„Dann waren Sie noch nicht verzweifelt genug!"

„Werden sie alle abgeschoben?", fragte Moritz.

„Nicht alle. Wenn man nicht weiß, woher sie kommen, dann kann man sie nicht zurückbringen. Darum ver-nichten sie ja ihre Papiere. Oder sie verschweigen, woher sie kommen. Dein Bruder hier hat den entscheidenden Hinweis gegeben. Jetzt wissen sie, woher er kommt, und können ihn sofort ins nächste Flugzeug setzen."

„Und wenn sie das nicht gewusst hätten, hätte er in Spanien bleiben können?"

„Ja, zunächst mal. Wenn man nicht weiß, woher einer kommt, kann man ihn ja schlecht irgendwohin schicken. Kein Land der Erde nimmt freiwillig Flüchtlinge auf."

Für einen Moment stand Moritz ganz still da. Durch die Hotelhalle sah er Maik, der ganz ruhig dastand und seinen Eltern die ganze Geschichte erzählte.

„Da war plötzlich dieser kleine Schwarze, der hatte ein T-Shirt von Moritz an. Den hatte Moritz am Strand aufgegabelt und hierhergebracht, aber das wusste ich doch nicht. Ich dachte, das ist ein Dieb. Ich … Moritz!"

„Moritz!", riefen auch die Eltern, denn Moritz war auf seinen Bruder losgestürmt und trommelte mit den Fäusten auf ihn ein, während ihm Tränen die Wangen hinunterliefen. „Du hast es gewusst!", schrie er schluchzend. „Du wolltest, dass er abgeschoben wird! Ich hasse dich!"

Die Leute in der Hotelhalle drehten sich nach ihnen um.

Der Vater trennte sie. „Moritz, bist du verrückt, hier so einen Aufstand zu machen?"

Aber Moritz riss sich los und rannte auf sein Zimmer. Er öffnete nicht, als seine Mutter klopfte, und auch nicht, als Maik vor der Tür stand.

„Es tut mir leid, Moritz. Das habe ich nicht gewollt! Ehrlich!"

Moritz zog die Bettdecke über den Kopf. Er glaubte seinem Bruder kein Wort.

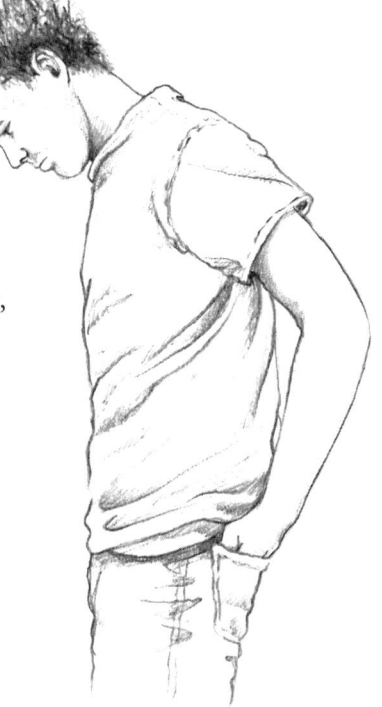

„Das ist ja unglaublich!" Der Vater legte seine spanische Zeitung vor sich auf den Frühstückstisch. Die ganze Familie sah ihn neugierig an. Es war der letzte Urlaubstag, die Zeit war wie im Flug vergangen. Morgen würden sie wieder zurück nach Deutschland fliegen. Alle hatten sich gut erholt, alle bis auf Moritz. Er war nach dem Vorfall mit Ali mehrmals zur Höhle gelaufen – nicht, um nach den Fledermäusen zu schauen, sondern in der Hoffnung, dass Ali dort sein würde. Aber nicht nur Ali blieb verschwunden, auch die anderen Flüchtlinge waren nicht wieder aufgetaucht. Waren sie verhaftet worden oder einfach untergetaucht? Stundenlang saß Moritz vor der Höhle und schaute aufs Meer.

Oma Fliederbusch hatte versucht, über die Polizei das Camp ausfindig zu machen. Vergeblich. „Sie kommen in ein Auffanglager, weit weg von den Hotels, damit die Urlaubsstimmung der Touristen nicht gestört wird. Die können sich nicht so gut erholen, wenn sie immer daran erinnert werden, dass es anderen nicht so gut geht", hatte Oma Fliederbusch Moritz erklärt.

„Unglaublich!", wiederholte der Vater und übersetzte dann: *„Toter Junge am Strand gefunden. Die Touristen am Strand des Hotels Paradies standen geschockt im knietiefen Wasser, als neben ihnen die Leiche eines etwa zwölfjährigen Jungen in den Wellen trieb."*

Melanie schrie auf. „An unserem Strand? Ein Toter? Da geh ich nicht mehr ins Wasser!"

„Der dunkelhäutige Junge war in der Nacht zuvor offenbar von einem der Flüchtlingsboote gesprungen, die wie jede Nacht aus Afrika herüberkamen", übersetzte der Vater weiter. *„Nach Erkenntnissen der Polizei war das Boot in*

Mauretanien gestartet und hatte es bis an die Küste geschafft, als es durch die Radaranlage, die die spanischen Behörden neuerdings bei der Jagd auf Flüchtlinge einsetzen, entdeckt wurde."

„Du meine Güte! Die suchen schon mit Radaranlagen nach den Booten?", fragte die Mutter.

„Modernste Technik", meinte der Vater. „Als wollten sie Feinde im Krieg ausfindig machen. Aber es kommt noch schlimmer: *Ein Mann, offenbar der Vater des Jungen, und der Junge sprangen in Panik ins Meer, als die Boote der Polizei sich näherten. Während der Mann es ans Ufer schaffte, ging der Junge im Wasser unter und wurde erst gegen Morgen ans Ufer gespült. Ein Patrouillenboot der Polizei schleppte das Boot mit den übrigen Flüchtlingen in den Hafen von Los Cristianos, wo sie medizinisch versorgt und dann von der Polizei vernommen wurden.*"

Moritz saß wie erstarrt am Tisch. Kaum hatte der Vater geendet, sprang er auf und rannte davon.

„Moritz!", rief die Mutter. „Wo willst du hin?"

„Ich hole ihn zurück!" Maik rannte hinter Moritz her, holte ihn in der Hotelhalle ein und hielt ihn am Arm fest.

Mit schneeweißem Gesicht schaute Moritz zu seinem großen Bruder auf. Dann sagte er leise: „Du bist schuld, dass er tot ist. Du hast gesagt, dass er aus Mauretanien ist."

„Aber das kann nicht dein Ali sein! Der ist frühestens vor zwei Tagen mit dem Flugzeug zurückgeschickt worden. So schnell kann er nicht zurückkommen. Die brauchen mindestens zehn Tage mit dem Boot hierher. Vielleicht ist er sogar noch auf der Insel."

Moritz schüttelte seinen Arm ab. „Fass mich nicht an, du … du Mörder! Fass mich nie wieder an!"

Er rannte durch die Hotelhalle hinaus ins Freie. Maik blieb einen Moment stehen, holte tief Luft und rannte dann hinter seinem Bruder her. Erst unten am Strand holte er ihn ein.

Moritz stand bewegungslos neben einem Strauß halb vertrockneter Blumen. War hier der Junge angeschwemmt worden – Ali? Zwei Meter daneben lagen die Touristen schon wieder auf ihren Badehandtüchern, aus einem Radio ertönte Musik, das Leben am Strand ging weiter.

Ein Mädchen, vielleicht 12 oder 13 Jahre alt, kam angelaufen und tauschte die vertrockneten Blumen gegen frische aus.

„Die sind in einer Stunde wieder vertrocknet", sagte Maik.

„Ich weiß … Dann werde ich wieder neue bringen. Ich habe ihn gesehen, den kleinen Jungen. Ich wollte schwimmen gehen, als auf einmal ein dunkler Körper an mir vorbeitrieb. Dass er tot war, habe ich erst gemerkt, als wir ihn an Land gezogen haben. An dieser Stelle haben wir versucht ihn wiederzubeleben, aber es war zu spät." Sie zeigte auf die Urlauber ringsumher. „Manche von denen haben sogar zugeschaut, aber jetzt ist alles wieder vergessen. Und darum bringe ich, solange ich hier auf der Insel bin, frische Blumen, auch wenn sie schon nach einer Stunde wieder vertrocknet sind."

„Muscheln statt Blumen", sagte Moritz, der bis jetzt nur dagestanden und schweigend zugehört hatte.

Maik und das Mädchen schauten ihn verwundert an.

„Wir bauen eine Gedenkstätte aus Steinen und Muscheln. Die können in der Sonne nicht vertrocknen." Ohne eine Antwort abzuwarten, lief Moritz zum Wasser und sammelte Muscheln und kleine Steine ein.

Das Mädchen folgte ihm. Maik stand mit verschränkten Armen da und schaute ihnen zu. Als sie kurze Zeit später mit beiden Händen voller kleiner Steine und Muscheln zurückkamen, sahen sie jedoch, dass Maik schon einen Kreis aus großen Steinen gelegt hatte, den er gerade mit Sand auffüllte.

Eine Stunde später war ein Denkmal entstanden, nicht besonders groß, aber so, dass niemand, der hier vorbeischlenderte, es übersehen konnte.

„Hauptsache, diese komischen Typen aus dem Dorf kommen hier nicht vorbei. Es gibt da ein paar Jugendliche, die sich freuen würden, wenn alle illegalen Flüchtlinge im Meer ertrinken", sagte das Mädchen.

Moritz schaute Maik an, der einen roten Kopf bekam und sich bückte, um eine heruntergefallene Muschel in den Sandberg zu drücken.

„Die gibt es bei uns auch", sagte Moritz.

Maik schaute ihn flehend an, aber Moritz hatte nicht vor, seinen Bruder bloßzustellen, jedenfalls noch nicht.

„Was für ein T-Shirt hatte der Junge an?", fragte Maik stattdessen.

Das Mädchen überlegte. „Weiß ich nicht mehr so genau. Warum willst du das wissen?"

„Mein Bruder glaubt, dass der tote Junge Ali sein könnte. Das ist ein Junge aus Mauretanien, den er hier vor zwei Tagen kennengelernt hat und der wieder abgeschoben wurde", erklärte Maik.

„Wenn er vor zwei Tagen noch hier war, dann war er das bestimmt nicht. Die Boote von Mauretanien brauchen etwa elf Tage, wenn sie überhaupt hier ankommen. Wie viele schon vorher im Meer versinken, lässt sich gar nicht abschätzen."

„Auf jeden Fall will Ali zurückkommen", sagte Moritz.

Das Mädchen nickte. „Das wollen alle, die sie geschnappt haben. Sie versuchen es immer wieder, bis sie es eines Tages schaffen oder irgendwo im Meer ertrinken."

10

Ein letztes Mal saß Moritz mit seiner Oma vor der Höhle oberhalb vom Strand. Um seinen Kopf herum schwirrten Fledermäuse, die von der Futtersuche zurückkamen. Doch in dieser Nacht beachtete Moritz sie nicht. Er schaute aufs Meer hinaus. Ganz weit draußen schaukelten kleine Lichtpunkte in den Wellen.

„Wird er es wieder versuchen?"

„Ich denke schon", sagte Oma Fliederbusch. „Wer weiß, wo er jetzt ist. Und wo sein Vater ist."

„Maik sagt, es gibt auch in Deutschland zwischen 500 000 und einer Millionen Illegale."

Die Großmutter nickte. „Ja. Aber ich wusste nicht, dass es so viele sind. Bei uns kommen sie auch nicht aus Afrika, sondern eher aus dem Osten Europas. Westeuropa, das Paradies, das Schlaraffenland, wo alle Arbeit haben und alle satt werden."

„Stimmt doch auch. Bei uns muss keiner hungern."

„Na ja", meinte die Großmutter. „Auch bei uns muss das Geld erst mal verdient werden. Niemand verhungert, aber es gibt eine Menge Menschen, die keine Arbeit haben, und die müssen dann von denen ernährt werden, die Geld verdienen."

„Vielleicht schafft er es … Sagst du mir Bescheid, wenn du ihn siehst?"

Oma Fliederbusch legte den Arm um Moritz und drückte ihn ganz fest. „Mach ich, ich schick dir sofort eine E-Mail."

Moritz nickte zufrieden, obwohl er wusste, dass die Wahrscheinlichkeit sehr gering war, dass Ali noch einmal nach Teneriffa kam, dass er dort ausgerechnet auf Oma Fliederbusch traf und dass diese ihn auf seine Beschreibung hin auch erkannte.

„Maik und seine Freunde haben Listen gemacht mit allen Kindern aus der Schule, die einen ausländischen Namen haben."

Oma Fliederbusch sah ihn verwundert an. „Wofür das denn?"

„An der Schule sind Kinder von illegalen Ausländern, das sagt auch Mutter. Sie findet das gut, weil die Kinder was lernen sollen. Maik sagt, die haben kein Recht, hier zu lernen, denn ihre Eltern bezahlen keine Steuern. Und sein Freund Florian sagt, dass die Polizei alle ausländischen Namen von Schulkindern überprüft, wenn sie die Liste hat."

„Maik hat Listen gemacht für die Polizei?", fragte Oma Fliederbusch empört. „Damit die Kinder mit ihren Eltern ausgewiesen werden?"

Moritz nickte. Erst in diesem Moment wurde ihm klar, was das für seine Klasse bedeuten konnte. Angestrengt dachte er darüber nach, wen aus seiner Klasse das betreffen könnte. Peter? Nein, der kam aus Polen und die waren in der EU. Der war ganz offiziell hier. Artur, sein bester Freund, kam aus der Ukraine. Er kannte ihn seit der 1. Klasse. War er illegal in Deutschland? Nein, er war bestimmt dort geboren.

Und dann fiel ihm Hua ein.

„Wenn jemand gut Deutsch spricht, ist er doch hier geboren und kann dann nicht illegal sein, oder?", fragte er.

Oma Fliederbusch dachte nach. „Nicht unbedingt. Wenn die Eltern lange unentdeckt in Deutschland leben und die Kinder dort geboren sind, sind sie trotzdem illegal im Land, auch wenn sie ihr ganzes Leben in Deutschland verbracht haben und gut Deutsch sprechen. Manche tauchen auch unter, wenn die Polizei dahinterkommt, dass sie illegal im Land sind. Sie verschwinden dann einfach in eine andere Stadt und hoffen, dass sie dort unerkannt weiterleben können."

Hua, dachte Moritz. Sie war erst vor vier Wochen nach Osterbrügge gezogen. Er hatte sie nie gefragt, wo sie vorher gewohnt hatte, und sie hatte es nie erzählt. Wahrscheinlich war sie mit ihren Eltern und ihrem großen Bruder vor der Polizei geflüchtet.

Moritz wurde ganz schlecht bei dem Gedanken, dass Maik mit seiner Liste womöglich Hua und ihre Familie verraten hatte. Ob die Polizei sie schon abgeholt hatte? Vielleicht konnte er sie ja noch warnen! Auf einmal konnte es für Moritz gar nicht schnell genug zurück nach Hause gehen.

Etwas später beim Frühstück, drei Stunden vor dem Abflug, hatte Moritz eine Idee, die so plötzlich kam, dass er einen Bissen seines Brötchens verschluckte und fast daran erstickt wäre.

Die Mutter klopfte ihm auf den Rücken. „Langsam, Moritz. Das Taxi kommt erst in einer Stunde. Du hast alle Zeit der Welt."

Aber genau die hatte er natürlich nicht. Vielleicht war es sogar schon zu spät, aber vielleicht auch nicht.

Oma Fliederbusch begleitete die Familie zum Flughafen. „Viel Spaß im neuen Zuhause auf dem Gutshof!", wünschte sie ihnen zum Abschied. „Und pass gut auf meine Fledermäuse auf", ergänzte sie leise, nur für Moritz.

„Viel Spaß ist gut", brummte der Vater. „Wenn ich an den Umzug denke, graust mir. Kisten schleppen, Schränke aufbauen und aus jeder Ecke kommt noch ein Teil, das eingepackt werden muss."

„Dafür haben wir auf dem Gutshof aber auch viel mehr Platz", sagte die Mutter. „Einen riesigen Keller und dazu noch einen Dachboden. Auf dem bin ich allerdings seit vielen Jahren nicht mehr gewesen. Ich hab keine Ahnung, was meine Mutter da alles gelagert hat."

Und das ist auch gut so!, dachte Moritz. Hoffentlich kam seine Mutter nicht auf die Idee, vor dem Umzug auf den Dachboden zu gehen.

Nie zuvor war Moritz so froh gewesen, endlich wieder mit dem Flugzeug in Hamburg zu landen. Eine Stunde später kamen sie zu Hause an. Moritz schleppte seinen Koffer in sein Zimmer, stellte ihn mitten in den Raum und rannte wieder die Treppe hinunter.

„Erst den Koffer auspacken, Moritz! Deine Freunde laufen dir nicht weg. Mooooritz!", rief die Mutter hinter ihm her.

Aber Moritz hörte nicht auf sie. Er holte sein Fahrrad aus der Garage und raste los. Bei Hua zu Hause angekommen, sprang er ab und ließ das Fahrrad in die Büsche kippen. Er klingelte.

Niemand öffnete. Moritz drückte erneut auf die Klingel, so fest, dass sein Zeigefinger schmerzte. Dann klopfte er wild an die Tür. „Hua, mach auf! Hua, bist du da?"

Keine Antwort. Er ging um das Haus, schaute in alle Fenster. Niemand zu sehen.

Dann ging plötzlich oben im ersten Stock ein Fenster auf. Er sah Huas schwarze Haare, dann ihr Gesicht. Sie legte den Finger auf den Mund. „Psst, sei leise! Komm zur Terrassentür. Ich mach dir auf."

Sie zog ihn ins Haus und schaute sich nach allen Seiten um, bevor sie die Tür wieder schloss. „Die Polizei war hier!", sagte sie.

„Ich weiß. Die suchen euch!"

„Wieso uns? Die wollten was von meinem Bruder."

„Wenn dein Bruder illegal hier ist, bist du das doch auch und deine Eltern auch. Haben sie deine Eltern verhaftet? Bist du allein?"

Hua musste lachen. „Ich versteh kein Wort! Illegal?"

„Illegal sind Menschen ohne Pass. Hast du einen?"

„Weiß ich nicht!"

„Siehst du. Wenn du einen hättest, wüsstest du das."

Hua schaute ihn verwirrt an.

„Also", sagte Moritz. „Wir haben nicht viel Zeit. Die Polizei kommt bestimmt zurück. Wo sind deine Eltern?"

„Meine Eltern besuchen meine kranke Oma. Die liegt im Krankenhaus. Es geht ihr sehr schlecht. Sie mussten ganz plötzlich abfliegen."

„Nach China?"

„Nach Schanghai. Sie kommen in einer Woche wieder. Und mein Bruder Minh und ich sollten allein hierbleiben. Kein Problem. Das haben wir schon öfter gemacht. Aber vorgestern hat es plötzlich geklingelt. Da stand die Polizei vor der Tür. Mein Bruder wollte nicht, dass ich öffne. Er hat gesagt, er muss verschwinden, und ist durch den Garten abgehauen. Er hat gesagt, er meldet sich, hat er aber nicht."

Moritz überlegte. „Du darfst hier nicht bleiben. Wenn die Polizei dich findet, stecken sie dich in Abschiebehaft."

„Warum das denn? Abschiebehaft? Hab ich noch nie gehört."

„Aber ich. Das war auf Teneriffa auch so. Da haben sie Ali einfach so abgeschoben. Und der Vater hatte keine Ahnung."

In diesem Moment klingelte es. Moritz und Hua erstarrten vor Schreck. Leise schlichen sie die Treppe in den ersten Stock hoch. Aus Huas Kinderzimmerfenster konnten sie zwar nicht erkennen, wer vor der Haustür stand, aber sie konnten das Polizeiauto erkennen, das vor dem Haus parkte. Sie sahen, wie die Polizisten um das Haus gingen, dann aber schließlich in ihr Auto stiegen und davonfuhren.

Hua holte einen Rucksack und fing an zu packen. „Für wie viele Tage?"

„Weiß ich nicht", sagte Moritz. „Wenigstens bis deine Eltern wiederkommen."

„Und wohin?"

Nachdem Moritz sich überzeugt hatte, dass das Polizeiauto wirklich weggefahren war, stiegen sie auf ihre Fahrräder und fuhren los: aus dem Dorf hinaus, durch die Erdbeerfelder bis zum Gutshof.

Moritz zog den Schlüssel aus der Hosentasche und schloss auf. Sie kletterten über die Kisten und Kartons, die in der Diele standen. „Übernächste Woche ziehen wir hier ein. Aber bis dahin bist du einigermaßen sicher. Niemand geht auf den Dachboden, hoffe ich."

Gemeinsam schleppten sie eine alte Gartenliege auf den Dachboden. Dann gingen sie durchs Haus und nahmen Kissen und Decken mit nach oben. Moritz zeigte Hua die Zweifarbfledermäuse, die an den Dachbalken

hingen und schliefen. Ein richtig gutes Versteck war das Haus: Hua konnte das Badezimmer benutzen, auch den Fernseher, musste allerdings immer horchen, ob jemand kam, um neue Umzugskartons zu bringen.

„Und was ist mit der Schule?"

„Geht gar nicht! Dann verhaften sie dich dort. Ich komme spätestens morgen Mittag, bring dir was zu essen und die Hausaufgaben."

Als Moritz gegen neun Uhr abends nach Hause kam, war es still. Leise schloss er die Tür auf, holte tief Luft und zog den Kopf ein. Jeden Moment erwartete er, die verärgerte Stimme seiner Mutter oder seines Vaters zu hören: Wo bist du gewesen? Bist du verrückt geworden, einfach abzuhauen?

Vielleicht konnte er ja leise in sein Zimmer schleichen und so tun, als ob er die ganze Zeit im Bett gelegen hatte. Er horchte. Nichts. Keine Stimmen, keine Musik. Vielleicht war die Familie essen gegangen. Er schaute in die Küche, auf die Terrasse, dann ins Wohnzimmer. Hier fand er seine Mutter. Sie saß auf dem Sofa und starrte vor sich hin. Sie hatte geweint.

Moritz setzte sich daneben und legte den Arm um sie. Er konnte es nicht ertragen, wenn sie traurig war. „Tut mir leid", sagte er. „Ich hätte anrufen sollen. Nicht weinen, bitte. Es ist ja nichts passiert."

Die Mutter sah ihn an. „Nichts passiert? Eine Straße wollen sie bauen. Mitten durch den Erdbeerhof."

„Was? ... Wo ist Vater?"

„Der ist zum Bürgermeister gefahren. Vielleicht kann man noch was ändern."

107

„Eine Straße durch den Erdbeerhof?"

„Du weißt doch, dass alle im Dorf von den vielen Lastern genervt sind. Deshalb wollten wir eine Umgehungsstraße. Und die soll jetzt gebaut werden."

„Mitten durch den Gutshof?" Jetzt war auch Moritz geschockt. Und die Fledermäuse? Wo sollten die denn hin? Er wünschte, Oma Fliederbusch wäre hier! Er saß neben seiner Mutter, bis der Vater spät abends zurückkam.

„Heute war nichts zu machen", berichtete er. „Vor einigen Tagen war der zuständige Beamte von der Kreisverwaltung hier. Er hat verschiedene Pläne vorgestellt. In einem geht die neue Straße durch unseren Hof. Wir würden eine Entschädigung kriegen, eine Menge Geld, aber den Erdbeerhof können wir wohl vergessen. Die Fläche, die bleibt, reicht nicht, um erfolgreich Erdbeeren anzubauen."

„Und du hast deinen Job schon gekündigt. Und unser Haus ist auch schon weitervermietet. Was sollen wir denn jetzt machen?"

„Noch sind das nur Pläne, sagt der Bürgermeister. Es sind noch mehr aus dem Dorf betroffen. Wir wollen uns morgen treffen und Protestaktionen überlegen."

„Und unser Umzug?"

„Wir ziehen wie geplant in einer Woche um. Und dann sehen wir weiter."

11

Am nächsten Morgen war Moritz der Erste im Bad und auch der Erste beim Frühstück. Er verließ das Haus, noch bevor der Rest der Familie am Frühstückstisch saß. In seiner Schultasche steckten neben seinen Büchern und Heften eine Flasche Kakao und zwei Croissants, die er sich aus der Küche geholt hatte.

Hua schlief noch, als er ankam. Vorsichtig weckte er sie.

„Du hast keine Ahnung, was hier nachts los ist", sagte sie schlaftrunken. „Es sind bestimmt 200 Fledermäuse, die die ganze Nacht hin- und herfliegen."

„Ich dachte, du hast keine Angst!"

„Laut war es! Die Batterie von meiner Taschenlampe ist aufgebraucht. Ich habe die ganze Nacht gelesen und bin erst bei Sonnenaufgang mit den Fledermäusen schlafen gegangen." Hua gähnte.

„Du kannst bis heute Mittag weiterschlafen." Moritz stellte den Kakao und die Croissants auf den Tisch.

Hua rollte sich wieder auf der Gartenliege zusammen. „Gute Nacht!", sagte sie und war schon wieder eingeschlafen. Über ihrem Kopf hingen die Fledermäuse mit dem Kopf nach unten und schliefen ebenfalls.

Artur fehlte und so blieb der Platz neben Moritz an diesem Morgen in der Schule frei.

„Du denkst daran, Artur die Hausaufgaben zu bringen?", fragte Herr Piepke.

Moritz nickte. Jeder Schüler war für seinen Sitznachbarn zuständig und Artur war darüber hinaus sein bester Freund, seit der 1. Klasse.

In der kleinen Pause besorgte er die Aufgaben für Hua von Peer.

„Ist deine Freundin krank?", erkundigte der sich und grinste.

„Sie ist nicht meine Freundin", sagte Moritz.

„Ach nee, was ist sie dann? Artur hat erzählt, du vergisst sogar Fußballspiele, wenn du mit ihr verabredet bist."

„Sie mag Fledermäuse", sagte Moritz, als würde das alles erklären – und das tat es ja auch. „Ist Artur krank? Habt ihr in den Ferien Fußball gespielt?"

Peer schüttelte den Kopf. „Ich hab ihn angerufen, aber niemand war zu Hause. Und sein Handy ist immer abgeschaltet."

Nach der Schule fuhr Moritz zuerst zu Artur. Hua schlief wahrscheinlich ohnehin noch. Er klingelte. Als niemand öffnete, läutete er an der Nachbarwohnung. Herr Schröder, ein älterer Mann, öffnete.

Moritz entschuldigte sich. „Mein Freund Artur war heute nicht in der Schule. Er ist wohl krank. Ich soll ihm die Hausaufgaben bringen."

Der alte Mann schaute ihn an. „Der ist nicht krank. Der ist mit seiner Mutter weggefahren."

„Könnten Sie ihm die Aufgaben geben?"

„Ich glaube nicht, dass der so bald wiederkommt. Vielleicht gar nicht mehr. Bist du Moritz?"

Moritz nickte.

„Warte, ich soll dir was geben." Der Nachbar ging in seine Wohnung zurück und kam kurze Zeit später mit einem Brief zurück. „Den hat Artur mir gegeben. Ich soll ihn dir persönlich überreichen. Er hat gewusst, dass du kommen wirst."

Moritz setzte sich auf die Treppe, riss den Brief auf und las:

> Lieber Moritz,
>
> wir fahren weg, für immer. Ich darf dir nicht sagen, wohin. Wir haben keine Aufenthaltsgenehmigung für Deutschland. Vielleicht gehen wir zurück in die Ukraine.
>
> Artur

Moritz saß wie erschlagen da. Der alte Mann setzte sich neben ihn. „Dein bester Freund?"

Moritz nickte. Tränen liefen ihm über das Gesicht. „Vielleicht kommt er nie wieder. Und ich habe sogar die letzte Verabredung mit ihm vergessen. Aber ich wusste doch nicht, dass es die letzte war …"

„Es ging alles ganz schnell", sagte der Mann. „Die Mutter war kurz bei mir. Sie haben einen Brief von der Ausländerbehörde bekommen. Irgendjemand muss denen einen Tipp gegeben haben. Du weißt sicher, dass Arturs Mutter vor acht Jahren ohne Einreisegenehmigung nach Deutschland gekommen ist."

Moritz schüttelte den Kopf. „Darüber haben wir nie gesprochen. Ich weiß nur, dass Artur keinen Vater hat."

„Der ist in der Ukraine geblieben. Sie hat Arbeit gesucht und als Putzfrau ihr Geld verdient. Nicht viel, aber doch so viel, dass sie irgendwann Artur und seine Schwester nachholen konnte. Kaum jemand hat bemerkt, dass sie eigentlich nicht hier sein durften. Ich weiß es nur, weil sie eines Tages schwer krank wurde und nicht zum Arzt gehen konnte, weil sie natürlich keine Krankenversicherung hatte. Ein Freund von mir ist Arzt und hat ihr geholfen. Auch der Schulleiter an eurer Schule wusste Bescheid, denn Artur und seine Schwester hatten ja keine Papiere. Du darfst einem Illegalen nicht helfen, sondern musst ihn melden. Und das hat jetzt wohl jemand gemacht."

„Er schreibt, er kommt nie mehr zurück", sagte Moritz traurig.

„Ja, da hat er wohl recht. In diese Stadt kommt er nicht mehr. Die Familie hat Verwandte in Süddeutschland. Da wollen sie jetzt hin. Sie werden versuchen, dort so lange wie möglich unerkannt zu leben. Hoffentlich finden sie dort Menschen, die ihnen helfen."

„Er hat sein Handy abgeschaltet."

„Bestimmt aus Angst. Er wird sich eine neue Nummer besorgen. Vielleicht meldet er sich dann mal bei dir."

„Warum hat er nie etwas gesagt?"

„Weil er es selber nicht wusste. Die Mutter hat ihren Kindern nichts davon erzählt. Sie wollte ihnen die tägliche Angst ersparen. Die Angst, entdeckt zu werden, die Angst vor jedem Polizisten, der ihnen begegnet. Die Angst, die krank macht."

Es war schon früher Nachmittag, als Moritz auf dem Erdbeerhof eintraf. Er kam auf den Dachboden und glaubte für einen Moment, sein Herz würde stehen bleiben: Hua war verschwunden! Bewegungslos starrte er auf die leere

Liege und die Krümel von den Croissants. Die Fledermäuse schliefen friedlich am Balken unter der Decke.

Er lief nach unten, über den Hof und suchte im Schuppen am See. „Hua!", rief er immer wieder verzweifelt. Keine Antwort.

„Huhu, hier bin ich!", hörte er plötzlich eine Stimme. Sie saß auf der Bank am See und winkte ihm fröhlich zu.

Moritz war so erleichtert, dass er sie nur sprachlos anstarren konnte.

Hua schlang gerade den Rest Erdbeermarmelade aus einem der Gläser hinunter, die seine Großmutter für die Familie dagelassen hatte. „Ich hatte Hunger", sagte sie. „Die Croissants waren gut, aber zu wenig."

„Nachher bring ich dir was", sagte Moritz.

„Ich hab doch Geld hier. Ich könnte ein bisschen einkaufen gehen."

„Nee, vergiss das! Es ist zu gefährlich."

„Ach, Moritz! Ich hab nachgedacht. Ich glaube nicht, dass ich illegal hier bin. Meine Eltern hätten mir das erzählt. Ich meine, so was muss man doch wissen und …"

„Artur ist auch weg", unterbrach er sie. „Und er hat auch nichts gewusst, weil seine Mutter nicht wollte, dass er jeden Tag Angst hat." Dann erzählte Moritz die ganze Geschichte, so wie er sie von dem alten Mann gehört hatte. Hua hörte zu und dann schwiegen sie eine Weile.

Plötzlich schlug sich Moritz mit der Hand an den Kopf. „Wir sind auch doof. Deine Eltern haben doch sicher eine Telefonnummer für Notfälle dagelassen. Wir rufen sie an und fragen sie. Und wir müssen sie warnen."

„Haben sie. Aber die hat mein Bruder auf seinem Handy gespeichert und das hat er mitgenommen."

„Kannst du deinen Bruder nicht anrufen?"

„Habe ich schon versucht. Der meldet sich nicht. Er hat das Handy abgeschaltet."

„Dann musst du hierbleiben, bis deine Eltern wieder da sind. Und ich muss jetzt los. Zu Hause warten sie auf mich. Ich komm später wieder."

„Bring was zu essen mit. Wenn ich noch mehr Erdbeermarmelade esse, kriege ich Bauchschmerzen. Und einen Malblock und Bleistifte und Buntstifte."

„Aber sonst geht's gut?" Moritz musste lachen.

Hua grinste ihn an. „Na, was soll ich denn den ganzen Tag machen? Ich hab mir gedacht, ich zeichne die Fledermäuse für unser Projekt. In ein paar Tagen ist es so weit."

Richtig, das Projekt. Das hatte er ganz vergessen. Am „Tag der offenen Tür" sollten alle Projekte vorgestellt werden. Hua und er wollten über Fledermäuse berichten.

„Wir können morgen am Projekt arbeiten. Ich sag zu Hause, dass ich bei dir bin, was ja auch stimmt."

„Moritz!", hörten sie da plötzlich jemanden rufen. „Moritz, bist du hier?"

„Maik, mein Bruder! Versteck dich. Er darf dich hier nicht sehen!" Moritz schubste Hua hinter den nächsten Busch. Er riss ihr das Glas mit Erdbeermarmelade aus der Hand und schob es unter die Bank. „Sei bloß still!"

„Aber wieso? Er ist doch dein Bruder und nicht die Polizei!"

„Erklär ich dir später!"

In diesem Moment bog Maik auf seinem Fahrrad um die Ecke. Er war wütend. „Mutter glaubt anscheinend, ich wär dein Kindermädchen. Verdammt, Moritz, sag doch wenigstens Bescheid, wenn du mittags nicht nach

Hause kommst! Ich hab was anderes zu tun, als kleine Jungs zu suchen!"

„Ich weiß", sagte Moritz und sah seinen Bruder an. „Wahrscheinlich neue Listen klauen und Leute anzeigen …"

Maik wurde erst blass und dann rot im Gesicht.

„Artur ist weg!", fuhr Moritz fort, bevor sein Bruder etwas sagen konnte. „Der Nachbar hat gesagt, irgendjemand hat die Mutter bei der Ausländerbehörde angezeigt. Wahrscheinlich dein Florian. Hast du ganz toll hingekriegt. Erst Ali und jetzt Artur. Wie viele noch, werden wir wohl nie wissen. Er war mein bester Freund und wenn ich Glück habe, schreibt er mir mal 'ne Karte aus der Ukraine. Bist du jetzt zufrieden? Was hat er euch getan? Hat er dir irgendwas weggenommen? Hast du weniger Taschengeld bekommen, weil er hier ohne Papiere gelebt hat?" Die Worte sprudelten nur so aus Moritz heraus. Er war so wütend wie noch nie in seinem Leben.

„Wenn zu viele von diesen Leuten ohne Papiere hier sind, haben wir anderen keine Arbeit mehr", sagte Maik. Es klang, als hätte er den Satz auswendig gelernt.

„Sagt Florian oder wer? Möchtest du die Putzstelle von Arturs Mutter haben? Oder Florian vielleicht?"

Maik schwieg.

Moritz sah ihn verächtlich an, holte sein Fahrrad und fuhr davon, ohne sich noch einmal umzusehen.

Zu Hause wartete seine Mutter auf ihn.

„Tut mir leid!", sagte Moritz, noch bevor sie losschimpfen konnte. „Artur ist weg und kommt nie mehr wieder."

Als seine Mutter die Tränen in seinen Augen sah, schluckte sie alles hinunter, was sie eigentlich sagen wollte, und nahm ihn nur ganz fest in die Arme.

Abends konnte Moritz lange nicht einschlafen. Jedes Mal, wenn er die Augen schloss, sah er das Gesicht von Artur vor sich. Hätte er doch nur vor den Ferien noch mit ihm Fußball gespielt! Stattdessen war er mit dem Detektor auf Fledermausjagd gegangen. Moritz lag da und Tränen liefen ihm übers Gesicht.

Plötzlich wurde leise die Tür geöffnet. Moritz blinzelte und sah seinen Bruder, der auf Zehenspitzen an sein Bett schlich. Moritz kniff schnell die Augen zu und tat so, als schliefe er.

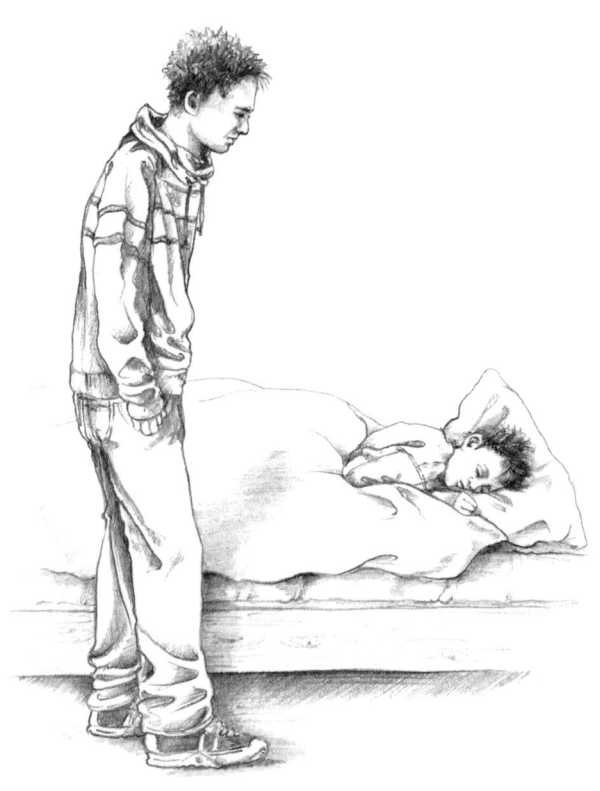

„Bist du noch wach?", flüsterte Maik.

Moritz bewegte sich nicht.

„Es tut mir leid!", flüsterte Maik. „Es tut mir so leid. Es waren doch nur Namen auf einer Liste. Namen ohne Gesichter. – Moritz?"

Aber Moritz schwieg.

Da holte Maik tief Luft und schlich leise aus dem Zimmer.

12

Am nächsten Tag versorgte Moritz Hua mit ausreichend Essen und Trinken. Gemeinsam arbeiteten sie dann an der Projektmappe, für die Hua wunderschöne Fledermausbilder malte: Zweifarbfledermäuse im Anflug und am Dachbalken hängend. Moritz war sicher, dass ihre Präsentation ein Supererfolg werden würde.

Am folgenden Tag jedoch wachte er auf und konnte vor Halsschmerzen nicht schlucken. Melanie, die schon krank von Teneriffa zurückgekommen war, lag seit zwei Tagen mit Fieber und Halsschmerzen im Bett. Jetzt hatte es auch ihn erwischt.

Aber er konnte unmöglich krank werden! Wer sollte Hua etwas zu essen bringen? Und am Wochenende war der „Tag der offenen Tür" mit der Projektvorstellung!

Moritz schleppte sich an den Frühstückstisch und trank Schluck für Schluck seinen Kakao. Dabei bemühte er sich, möglichst nicht zu zeigen, wie weh jeder einzelne Schluck im Hals tat. Sein Vater bemerkte tatsächlich nichts.

Kaum hatte sich aber seine Mutter an den Tisch gesetzt, legte sie ihm nach einem prüfenden Blick die Hand auf die Stirn. „Das habe ich mir gedacht, so wie du aussiehst. Du gehst besser gleich wieder ins Bett."

„Das geht nicht. Ich muss …", protestierte Moritz und verzog das Gesicht vor Schmerz, weil sogar das Sprechen wehtat.

„… ins Bett", ergänzte die Mutter. „Wenn du Glück hast, ist morgen alles vorbei. Viel heißen Tee trinken. Ich bring dir eine Thermoskanne hoch. Du kannst lesen und fernsehen, aber bitte im Bett bleiben."

Morgen! Bis dahin war Hua verhungert. Aber vielleicht konnte er ja heimlich aufstehen, sobald die Mutter losgefahren war. Sie wollte sich beim Arbeitsamt um Arbeitskräfte für die Erdbeerernte kümmern und würde nicht vor heute Nachmittag zurückkommen.

Also schlich er zurück ins Bett. Ihm war schwindlig, sein Hals und sein Kopf taten weh. Irgendwie war er doch froh, dass er liegen konnte.

Als er wieder aufwachte, sah er erschrocken auf seinem Wecker, dass er lange geschlafen hatte. Immerhin fühlte er sich besser. Er ging nach unten. Wenn er ganz langsam fuhr, würde er es bis zum Gutshaus schaffen. In der Küche packte er Wurst, Brot und eine Flasche Apfelsaft in eine große Tüte.

Plötzlich stand seine Schwester hinter ihm und sagte: „Ich dachte, du bist krank. Dafür hast du aber großen Hunger. Warum packst du das alles in die Tüte? Soll ich dir helfen, es nach oben zu tragen? Ich bin schon fast wieder richtig fit."

In Moritz' Kopf drehte sich alles, er musste sich am Küchentisch festhalten, sonst wäre er umgekippt.

„Du gehst ins Bett und ich trag die Sachen", schlug Melanie vor.

Warum geht sie nicht einfach weg?, dachte Moritz. Sonst ist sie doch auch nicht so fürsorglich. Er setzte sich auf einen Stuhl und sah seine Schwester prüfend an. Ob sie ein Geheimnis für sich behalten konnte? Er selbst würde es mit dem Fahrrad nicht bis zum Erdbeerhof schaffen und Hua hatte nichts mehr zu essen …

„Versprich mir, niemandem etwas zu erzählen! Schwör es!"

Er hatte erwartet, dass sie lachen würde, aber Melanie hob nur drei Finger und sagte ganz ernst: „Ich schwöre!"

Moritz schaute sie eingehend an. Machte sie sich über ihn lustig? Aber er hatte keine andere Wahl: Melanie war die Einzige, die jetzt helfen konnte. „In der 5. Klasse ist ein Mädchen, Hua heißt sie."

„Kenn ich. Die kann unheimlich toll malen."

„Du kennst sie?"

Melanie nickte.

„Und?"

„Wie und? Ich mag sie, wenn du das meinst."

Besser konnte es nicht laufen. Und so erzählte Moritz die ganze Geschichte. Nur die Fledermäuse erwähnte er nicht. Melanie hatte Angst vor ihnen. Und sie würde niemals zu Hua fahren, wenn sie von ihnen wusste.

„Sie wohnt ganz alleine im Gutshaus auf dem Dachboden?"

„Ja, bis ihre Eltern wiederkommen. Ende der Woche. Kannst du …?"

Melanie hatte bereits die Tüte gepackt und war auf dem Weg zur Haustür. „Du gehst jetzt wieder ins Bett!", sagte sie. „Ich mach das schon. In einer Stunde bin ich wieder da. Ich bring nur das Essen hin."

Zum ersten Mal in seinem Leben war Moritz seiner kleinen Schwester dankbar. Er ging in sein Zimmer zurück und fiel in sein Bett.

Es war gegen Mittag, als er erneut aufwachte. Es war still im Haus.

„Melanie!"

Keine Antwort.

„Melanie!"

Moritz suchte im ganzen Haus. Niemand außer ihm war da. Wo war sie? Mit dem Fahrrad verunglückt? Er wartete eine halbe Stunde.

Dann zog er sich an und fuhr los. Während er an der stark befahrenen Straße entlangfuhr, machte er sich Vorwürfe. Er hätte sie nicht allein losschicken dürfen. Er hielt auf dem ganzen Weg Ausschau nach ihr, aber es war keine Melanie zu sehen.

Vor dem Gutshaus stand ihr Fahrrad. Erleichtert ging er um das Haus herum. Keine Hua und keine Melanie. Er ging ins Haus, die Treppe zum Dachboden hoch. Dort fand er sie. Sie saßen auf dem Boden und flüsterten aufgeregt.

„Hey!", rief Moritz. „Ich dachte, du wolltest sofort zurückkommen."

„Ich musste Mehlwürmer kaufen."

„Mehl… – was?"

„Psst!", machte Hua, als sie Moritz sah, und legte ihren Finger auf den Mund.

Moritz traute seinen Augen nicht. Da saß seine Schwester inmitten von schlafenden Fledermäusen, die von den Balken herunterhingen, und zeigte auf eine Fledermaus, die vor einigen Stunden in Huas Bett ein Baby geboren hatte.

„Ich hab die Mutter heute Morgen im Garten gefunden. Sie konnte nicht mehr fliegen. Vielleicht hat eine Katze sie angegriffen."

„Sieh mal, wie niedlich das Kleine ist!" Melanie zeigte auf das Fledermausbaby, das nicht größer als eine Kaffeebohne war. Es piepste leise vor sich hin, während es bei seiner Mutter nach einer Milchzitze suchte.

Moritz schaute seine Schwester verwundert an. „Ich dachte, du hast Angst vor Fledermäusen."

„Wieso Angst?", fragte Melanie. „Fledermäuse beißen doch nicht!"

„Ach!", machte Moritz, aber Hua warf ihm einen warnenden Blick zu, und so schluckte er hinunter, was ihm auf der Zunge lag.

„Wir müssen sie zu einem Experten bringen", meinte Hua. „Alleine schaffen wir das nicht."

Moritz setzte sich erst einmal auf den Boden. Seine Beine zitterten vor Anstrengung. Sein Kopf war ganz heiß und es flimmerte vor seinen Augen.

„Du musst nach Hause ins Bett. Du bist noch krank", sagte Hua besorgt.

„Wenn Oma Fliederbusch da wäre, die würde sich auskennen", meinte Moritz.

„Und Herr Piepke? Der hat doch das Projekt geleitet. Der kennt sicher jemanden." Melanie war deutlich anzusehen, wie stolz sie auf diesen Einfall war.

Sie warteten, bis Moritz' Beine sich wieder beruhigt hatten. Dann legten sie die Fledermausmutter mit ihrem Jungen in Melanies Fahrradkorb. Während Moritz langsam nach Hause fuhr, machte sich Melanie auf den Weg in die Schule. Herr Piepke war sicher noch dort.

Zu Hause fiel Moritz völlig erschöpft ins Bett und schlief sofort ein. Irgendwann hörte er die Stimme seiner Mutter, die sich besorgt über ihn beugte. Er schlief und schlief. Es dämmerte schon, als er aufwachte. Sein Wecker zeigte 20:00 Uhr. Sein Kopf tat nur noch ein wenig weh und war auch nicht mehr heiß.

Leise schlich er in Melanies Zimmer. Sie saß im Bett und las. „Es ist alles okay", sagte sie, als er hereinkam. „Herr Piepke bringt die Fledermäuse zu einem Experten, der schon mehrere Fledermäuse großgezogen und gepflegt hat. Wenn wir Glück haben, kann das Kleine schon in fünf Wochen herumfliegen … Hast du gedacht, dass so eine Fledermausmutter ganze 100 Mehlwürmer am Tag frisst?"

Moritz schüttelte den Kopf. Und noch weniger hatte er gedacht, dass irgendwann einmal seine kleine Schwester, die Fledermäuse doch verabscheute, ihm diese Mitteilung machen würde.

„Danke!", sagte er leise.

„Ein Glück, dass du wieder da bist!" So wurde Moritz am nächsten Tag von seinem Klassenlehrer begrüßt. „Ich hatte schon Sorge, dass du nicht rechtzeitig gesund wirst. Du bist doch der große Star auf der Schulveranstaltung."

Moritz schaute ihn verwundert an.

„Du bist nicht nur Fledermauspapa, sondern hast auch noch Fledermaushebamme gespielt. Deine Schwester hat mir erzählt, wie du der Mutter nachts im Gutshaus deiner Großmutter geholfen hast, ihr Kind zur Welt zu bringen und dir dabei die Erkältung zugezogen hast. Immerhin ist die kleine Fledermaus gesund."

„Aber das war …" – doch Hua, wollte Moritz sagen, verschluckte die beiden Worte aber im letzten Moment. Warum hatte Melanie so eine blöde Geschichte erzählt? Andererseits: Was hätte sie sonst sagen sollen?

„Der Rektor ist auch ganz begeistert", fuhr Herr Piepke fort. „Du weißt doch, dass unsere Schule darum kämpft, dass man sie nicht schließt. Du sollst vor den Eltern von deinen Erfahrungen mit den Fledermäusen berichten. Auch die Leute von der Zeitung werden da sein. Ich werde Fotos von dem Kleinen zeigen. Es wird eine ganz große Sache und eine tolle Reklame für unsere Schule. Wahrscheinlich kommt auch jemand von der Schulbehörde."

„Aber an dem Projekt waren doch auch noch andere beteiligt – Hua zum Beispiel …"

„Das stimmt, aber doch nur am Anfang. Wo war sie in den letzten Tagen? Das Entscheidende ist allein dein Verdienst: Du hast die Mutter nach der Geburt der kleinen Fledermaus mit Mehlwürmern über den ersten Tag gerettet."

„Und wenn Hua bis dahin wiederkommt? Kann sie dann auch das Projekt vorstellen?"

Der Lehrer klopfte Moritz auf die Schulter. „Ich finde es ganz lieb von dir, dass du dich so um Hua kümmerst. Sie ist neu hier und braucht sicher Freunde. Aber es muss schon gerecht zugehen. Hua hat nun mal nur am Anfang mitgewirkt. Beim nächsten Mal, wenn sie bis zum Ende dabei ist, kann auch sie Lorbeeren ernten."

Ein nächstes Mal wird es wohl nicht geben, dachte Moritz traurig. Wenn ihre Eltern an diesem Wochenende wiederkamen, würde die Familie wie Arturs Familie in einer anderen Stadt untertauchen und er würde auch Hua nie mehr wiedersehen.

13

Und dann kam der folgende Morgen, der erneut alles durcheinanderbrachte. Wie immer saß die Familie zusammen am Frühstückstisch. Nur Melanie, die erst zur zweiten Stunde in die Schule musste, fehlte.

Der Vater, der wie üblich Zeitung las, stieß auf einmal einen erstaunten Pfiff aus. „Das ist ja unglaublich!", sagte er und las vor: *„Stoppen Fledermäuse die Ostseeautobahn? In den Kalkberghöhlen bei Bad Segeberg überwintern bis zu 20 000 Fledermäuse. Die geplante Autobahn kreuzt die Flugroute der Fledermäuse. Jetzt wird der Bau erst einmal gestoppt. Auch in Dresden konnte eine Brücke nicht gebaut werden, weil der Lärm die Kleine Hufeisennase gestört hätte …* Jetzt wäre es doch ganz gut, wenn wir Feldermäuse hier in der Gegend hätten."

„Also Moritz hat da … Autsch!" Maik warf Moritz, der ihm unter dem Tisch einen Fußtritt versetzt hatte, einen wütenden Blick zu.

„Du meinst, dann könnten sie die Straße durch unseren Erdbeerhof nicht bauen?", fragte die Mutter aufgeregt. „Wenn dort Fledermäuse leben würden?"

„Ich denke schon. Aber was soll's? Leider gibt es Menschen, die was gegen diese nützlichen Tierchen haben." Er warf der Mutter einen vorwurfsvollen Blick zu. „Was sagst du dazu, Moritz?"

Moritz zuckte zusammen. Er hatte schon überlegt, ob er etwas sagen sollte. Aber was, wenn es gar nicht stimmte, was in der Zeitung stand? 20 000 Fledermäuse. So viele gab es nicht auf Omas Dachboden. Würden auch 200 ausreichen, um die Straße zu stoppen? Er musste sich erst erkundigen. Sonst verriet er das Geheimnis und sie reichten doch nicht. Und dann? Seine Mutter hasste Fledermäuse. Außerdem würde der Vater sofort auf dem Dachboden nachsehen – und da war Hua.

„Ich weiß nicht", sagte er darum und stand auf. „Die Zweifarbfledermaus zum Beispiel ist sehr selten, aber ob das wirklich reicht, um eine Straße zu stoppen? Da müsste man sich mal erkundigen."

Maik folgte ihm in sein Zimmer. „Was ist los mit dir? Wir beide wissen doch, dass es auf dem Gutshof Fledermäuse gibt. Mensch, Moritz, das ist die Rettung! Vater hat seinen Job gekündigt. Mutter macht sich Sorgen. Warum sagst du es ihnen nicht?"

„Und wenn 200 Fledermäuse nicht reichen? Dann machen sie sich umsonst Hoffnung. Ich frage erst in der Schule nach. Herr Piepke ist beim Naturschutzbund, er kennt sich aus."

„Ich könnte hinfahren und Fotos machen!", schlug Maik vor. „Ich hab Zeit."

Moritz schüttelte entsetzt den Kopf. Er traute Maik nicht über den Weg. Er durfte Hua unter gar keinen Umständen finden, bevor ihre Eltern am Samstag zurückkamen.

„Seit wann hast *du* Zeit? Warum triffst du dich nicht lieber mit Florian und deinen anderen Freunden?"

Maik wurde ein wenig verlegen. „Florian?", fragte er. „Keine gute Idee. Wir haben uns gestritten."

Moritz schaute ihn verwundert an. Maik hatte sich mit Florian gestritten? Das war noch nie vorgekommen.

„Florian versteht nicht, dass es ein Unterschied ist, wenn die Namen Gesichter bekommen", erklärte Maik.

„Es sind aber trotzdem meine Fledermäuse. Ich mach die Fotos. Gleich heute Nachmittag."

Maik zuckte mit den Schultern. „Aber beeil dich. Oder möchtest du, dass Mutter wieder weint, weil sie nicht weiß, wie es weitergehen soll?"

Noch vor der ersten Stunde zeigte Moritz Herrn Piepke die Bilder, die Hua gemalt hatte.

„Oh, lauter Zweifarbfledermäuse!", sagte Herr Piepke erfreut. „Wer hat die denn gemalt? Sie sind wunderschön. Und so lebendig."

Moritz überhörte die Frage. „Es sind ungefähr 200. Sie wohnen auf dem Gutshof meiner Großmutter. Dort haben sie sich auf dem Dachboden niedergelassen. Und sie müssen geschützt werden, oder?"

Herr Piepke nickte.

„Sie dürfen auch nicht durch Lärm und Licht gestört werden, richtig?"

Wieder nickte Herr Piepke.

„Reichen 200 Fledermäuse aus, um den Bau einer Straße zu verhindern?"

„Ich denke schon. Zumindest muss die Planung neu überdacht werden. Nah am Haus darf sicher keine Straße gebaut werden", sagte er. „In der Nähe von Hamburg hat der Wachtelkönig den Bau einer Autobahn und eines Wohngebiets verhindert. Niemand hat ihn gesehen, er ist nur gehört worden. Vielleicht ist es nur ein Pärchen. Und trotzdem darf nicht gebaut werden. Fledermäuse sind stark gefährdet und deshalb werden sie besonders streng durch Gesetze geschützt."

„Dann kann also der Gutshof wirklich nicht abgerissen werden?"

„Abwarten, aber ich denke, es gibt gute Chancen, dass die Straße nicht durch eure Erdbeerfelder gebaut werden kann, sondern umgelegt werden muss. Wenn die Tiere im Hof ihr Quartier haben, aber durch die Straße von ihrer Jagdregion abgeschnitten werden, ist das ein wichtiges Argument. Fledermäuse fliegen nicht gerne über stark befahrene Straßen."

Na, das sind mal gute Nachrichten, dachte Moritz. Die Fledermäuse als Retter des Erdbeerhofs! Er war sehr gespannt, was Oma Fliederbusch dazu sagen würde.

Direkt nach der Schule fuhr er zu Hua, wo er auch Melanie vorfand, die sich mit Hua angefreundet hatte und jede freie Minute mit ihr verbrachte. Für die Freundschaft nahm sie sogar die schlafenden Fledermäuse in Kauf.

„Ich kann die Rede nicht halten!", rief er ihnen schon von Weitem zu. „Das muss ein Mädchen machen, weil Mädchen sich vor Fledermäusen fürchten. Das wirkt mehr und die Reporter schreiben dann darüber und so können wir den Erdbeerhof retten."

Melanie und Hua schauten sich an.

„Und jetzt bitte von ganz vorne", meinte Hua schließlich. „Warum fürchten sich Mädchen auf einmal vor Fledermäusen? Ist dir was auf den Kopf gefallen?"

Also erzählte Moritz von der Autobahn und der Brücke in Dresden. „Und jetzt musst du von den Fledermäusen auf dem Dachboden berichten. Wie soll ich denn was über die Geburt erzählen? Ich war doch gar nicht dabei."

„Ich hab dir alles gesagt. Und du hast die Bilder."

„Trotzdem! Du musst die Rede halten!", sagte Moritz. „Verstehst du nicht? Wir müssen jetzt viel Wirbel machen wegen der Fledermäuse und es wirkt einfach besser, wenn ein Mädchen die ganze Geschichte erzählt, weil alle denken, dass Mädchen sich fürchten."

„Na ja", sagte Melanie. „Wenn man sie nicht näher kennt, sind sie ja auch zum Fürchten."

„Warum macht Melanie das nicht? Sie ist ein Mädchen und hat sich wirklich gefürchtet."

„Geht gar nicht", protestierte Melanie. „Ich hab doch keine Ahnung von Fledermäusen. Wenn Fragen kommen, was soll ich dann sagen?"

„Und ich darf hier nicht weg. Wegen der Polizei. Wenn die Presse da ist …"

„Vielleicht kann man irgendwie …"

„Ich weiß, wie wir das machen!", rief Melanie. „Ich fahre mit Hua kurz vorher zur Schule und wir warten hinter der Bühne. Dann geht sie nur kurz raus, erzählt ihre Geschichte und wir verschwinden wieder – keiner weiß, wohin."

„Ich hab nichts anzuziehen."

Moritz verdrehte die Augen. Als ob das jetzt wichtig war.

„Das holen wir aus deinem Haus", meinte Melanie. „Du sagst, was du brauchst, und ich fahre mit Moritz hin."

„Aber was soll ich denn sagen? Ich hab noch nie vor so vielen Menschen geredet."

„Ich doch auch nicht."

Zusammen mit Melanie schaffte es Moritz schließlich, Hua zu überreden. Gemeinsam planten sie jeden Schritt und feilten auch an Huas Rede.

Die Aula war gefüllt mit Eltern, Lehrern und Schülern. Auch einige Reporter waren da. Es wurde gesungen und es gab Tanzvorführungen. Der Rektor hielt eine Rede. Danach sollte Moritz an die Reihe kommen. Ganz zappelig vor Aufregung wartete er hinter der Bühne. Wo blieben Melanie und Hua nur?

Endlich! Aber es war nur Melanie.

„Ist sie schon da?", fragte sie als Erstes und sah sich suchend um.

„Woher soll ich das wissen? Du solltest sie doch abholen. Melanie! Wo ist Hua?"

„Maik holt sie ab."

„Maik!?" Moritz' Stimme klang so entsetzt, dass Melanie ihn ganz erstaunt ansah.

„Er hat gesagt, er holt sie mit seinem Motorroller. Das geht viel schneller. Und er bringt sie auch wieder weg."

Moritz wurde ganz schwindlig. „Kapierst du denn nicht? Maik ist schuld, dass sich Hua verstecken muss. Er und seine Freunde haben die Liste mit ihrem Namen weitergegeben. Der bringt sie niemals hierher. Der bringt sie direkt zur nächsten Polizeistation."

Melanie wurde blass. „Das ... das glaube ich nicht. Mein Fahrrad hatte unterwegs einen Platten und da kam zufällig Maik vorbei. Er hat mich hierhergebracht und dann wollte er Hua abholen ..."

Moritz ließ sich auf einen Stuhl fallen. Alles umsonst. Jetzt würden sie Hua in Abschiebehaft stecken.

Draußen auf der Bühne erklang noch immer die Stimme des Rektors. Jetzt konnte es nicht mehr lange dauern, bis Moritz an die Reihe kam. Und keine Spur von Hua. Moritz lief nach draußen auf die Straße. Niemand zu sehen. Er hatte recht gehabt mit seinem Misstrauen Maik gegenüber. Alles nur Gerede, das von den „Namen ohne Gesichter". Beinahe wäre er darauf hereingefallen, hätte geglaubt, dass es Maik tatsächlich leid tat.

Er lief zurück zur Aula.

„Und in der nächsten Stunde möchten wir Ihnen gerne zeigen, was unsere Schüler noch alles zustande bringen ..." Die Rede des Rektors näherte sich dem Ende und Moritz' letzte Hoffnungen zerfielen.

Dann Schritte auf dem Gang, die Tür wurde aufgerissen. Hua kam atemlos herein. „Bin ich noch rechtzeitig?"

Maik folgte ihr. Auch er war atemlos vom Laufen. „Tut mir leid", sagte er, „aber schneller ging's nicht. Alle Ampeln standen auf Rot."

„Siehst du!", sagte Melanie. „Ich wusste, dass er es nicht tut."

Maik sah seinen Bruder an. „Du hast gedacht, ich bringe sie woanders hin?", fragte er leise und senkte beschämt den Blick.

Moritz nickte. Seine Beine zitterten immer noch.

In diesem Moment ging die hintere Bühnentür auf und Moritz' Mutter kam zusammen mit Huas Vater hereingelaufen. Beide waren sehr aufgeregt. Hua schrie auf und rannte zu ihrem Vater.

„Wo warst du nur?", stammelte der Vater und nahm sie fest in den Arm. „Wir haben dich überall gesucht. Deine Mutter ist halb verrückt vor Sorge."

„Moritz hat gesagt, ich soll mich verstecken, wegen der Polizei."

Alle blickten Moritz fragend an, der einen roten Kopf bekam. „Sie müssen sich auch verstecken", sagte er zu Huas Vater. „Die Polizei sucht Sie."

Huas Vater sah ihn an, als sei er verrückt geworden. „Was redest du denn da?"

Auch Moritz' Mutter schaute ihren Sohn erstaunt an. „Wieso ‚auch verstecken‘?"

„Also, die Polizei war da", fing Moritz an. „Und dann ist der Bruder von Hua getürmt. Und dann hat Hua Angst gehabt und ich habe gedacht, es ist wegen der Liste, wegen der Illegalen. Und ich wollte doch nicht, dass Hua in Abschiebehaft kommt …"

„Moritz, was redest du da? Hast du noch Fieber?" Seine Mutter war ernsthaft besorgt.

„In Abschiebehaft? Illegal?", fragte Huas Vater. „Wer ist illegal?"

„Na, Sie und Ihre ganze Familie. Ich wollte nicht, dass die Polizei Hua verhaftet. Da hab ich sie versteckt. Und wir wollten warten, bis Sie wiederkommen."

„Oh, mein Gott!", sagte die Mutter. „Das ist ja ein schönes Durcheinander."

„Wir leben seit 20 Jahren in Deutschland", erklärte Huas Vater. „Meine Frau und ich, wir haben längst einen deutschen Pass."

„Und die Polizei?"

Huas Vater machte ein ernstes Gesicht. „Ja, die Geschichte mit Minh macht uns noch etwas Sorgen. Er ist da in was hineingeraten … Als die Polizei geklingelt hat, hat er einfach Panik gekriegt und ist weggelaufen. Inzwischen ist er wieder zu Hause und hat alles gebeichtet. Zum Glück ist es nicht so schlimm, wie es zuerst aussah. Ich denke, wir werden das schon wieder geradebiegen."

In Moritz' Kopf ging alles durcheinander. Nur eines hatte er ganz klar verstanden: Warum auch immer die Polizei gekommen war, sie wollte Hua und ihre Familie nicht in Abschiebehaft stecken, denn sie waren ganz legal in Deutschland. Hua musste sich nicht verstecken.

„Moritz, du bist dran!" Herr Piepke schaute von der Bühne aus hinter den Vorhang. Seine Augen wurden ganz groß vor Verwunderung. „Hua! Wo kommst du denn auf einmal her?"

„Sie muss für mich reden!", krächzte Moritz, verzog sein Gesicht vor Schmerzen und flüsterte: „Ich kriege keinen Ton mehr heraus. Ein Rückfall."

Herr Piepke wurde ganz blass. „Ausgerechnet jetzt. Gerade ist der Schulamtsleiter eingetroffen. Was soll Hua denn sagen? Sie ist doch überhaupt nicht vorbereitet."

„*Sie* ist die Fledermaushebamme, nicht Moritz!", sagte Melanie.

Moritz nickte. „Das ist eine lange Geschichte. Die erzähle ich Ihnen später", krächzte er.

Herr Piepke seufzte. „Also gut, Hua. Versuchen wir es einfach. Etwas anderes bleibt uns ja wohl ohnehin nicht übrig."

Moritz trat zusammen mit Hua auf die Bühne. Alle klatschten.

„Moritz ist heiser und darum muss ich nun die Rede halten. Aber wir haben alles zusammen gemacht", begann Hua. Und dann erzählte sie von dem Projekt in der Schule und wie sie im Dachboden auf dem Gutshof von Oma Fliederbusch ein paar Tage gewohnt und dann die kranke Fledermaus gefunden hatte. „… Dort gibt es fast 200 Zweifarbfledermäuse! Die stehen unter strengem Naturschutz und sind sehr lärmempfindlich."

Während Hua redete, beobachtete Moritz seine Eltern, die in der dritten Reihe saßen. Als Hua von den Fledermäusen auf dem Dachboden erzählte, schauten sie sich an und die Augen der Mutter wurden immer größer und größer.

Schließlich hielt sie es nicht mehr aus und platzte mitten in Huas Rede hinein. „Und wenn nun eine Straße da gebaut werden soll?", rief sie. „Was ist dann mit den Fledermäusen?"

„Da wird erst mal keine Straße gebaut!", sagte Hua. „Wo sollen denn die Fledermäuse hin?"

Die Mutter schaute Moritz fragend an. Der nickte nur. Da machte die Mutter einen kleinen Luftsprung und rief: „Es leben die Fledermäuse!"

Dem Vater war das ein wenig peinlich. Er zog seine Frau auf ihren Platz zurück. Aber auch ihm stand die Freude ins Gesicht geschrieben.

„200 Fledermäuse! Und da hast du geschlafen? Auf dem Dachboden? Hattest du keine Angst?", fragte einer der anwesenden Reporter.

Hua schaute ihn erstaunt und ein wenig genervt an. „Nein, vor wem denn? Fledermäuse …"

„… beißen nicht!", riefen die Schüler aus Moritz' Klasse im Chor und johlten. Schließlich hatten sie den Satz in den vergangenen Wochen oft genug von Moritz gehört. Und in der allgemeinen Begeisterung merkte keiner, dass die lautesten Jubelschreie von Moritz kamen, obwohl der doch angeblich so heiser war.

Leseprobe aus:

Carolin Philipps,

Cäsars Streberladen

Schulausgabe erschienen im
Hase und Igel Verlag, München
ISBN 978-3-86760-045-3
Begleitmaterial für Lehrkräfte
ISBN 978-3-86760-345-4

Die Zeit für Geschäfte war in der Tat günstig. Jedenfalls
für solche Geschäfte, wie Julius sie plante. Die Einla-
dungen für den Elternsprechtag waren gerade ausgeteilt
worden und es gab eine Menge Schüler, die diesem Tag
mit Grauen entgegensahen. Hatte man bislang manche
Arbeit und manchen Eintrag ins Klassenbuch zu Hause
verschweigen können, so erfuhren die Eltern spätestens
an diesem Tag, dass die leicht dahingesagten Aussagen ihrer Kinder – „Alles in Ordnung in der Schule, no problem!" – nicht den Tatsachen entsprachen.

Es gab keine andere Zeit im Schuljahr, außer unmittel-
bar vor den Zeugnissen, in denen die Lehrer mit so vielen
Anfragen nach zusätzlichen Referaten und freiwillig zu
übernehmenden Aufgaben bestürmt wurden.

„Bitte geben Sie mir noch eine Chance!"

„Kann ich nicht noch ein Referat halten? Mein Vater
bringt mich um, wenn er meine Noten sieht."

Julius betrachtete die zunehmende Panik seiner Mitschüler mit großem Interesse. Jetzt musste er ihnen nur noch
klar machen, dass er die Lösung für ihre Probleme hatte.

Seine Chance kam schneller als erwartet. Es war Pit,
der mal wieder in Terminnot war und sich außerdem ein-

bildete, mithilfe von Referaten das drohende Donnerwetter seines Vaters abwehren zu können. Er hatte sich an einem Tag Referate in Geschichte und Arbeitslehre und eine Buchvorstellung in Deutsch geben lassen. Zunächst tönte er herum, dass er damit seine Noten in drei Fächern aus dem gefährlichen Bereich ziehen würde.

Doch je länger der Schulvormittag dauerte, desto klarer wurde ihm, dass sich die Referate nicht von selbst schrieben und er eigentlich keine Zeit für die zusätzliche Arbeit hatte. „Recherche im Internet, Bücher wälzen und ein Buch ganz lesen? Und dann 'ne Zusammenfassung machen? Wie soll ich das bloß schaffen?", jammerte er. „Ich hab 'ne Urlaubsvertretung im Eisladen übernommen. Außerdem muss ich Zeitungen austragen."

„Du musst ja keine Referate schreiben", meinte Bernd. „Ist doch freiwillig. Gib sie einfach zurück."

„Und dann?", fuhr Pit ihn wütend an. „Was glaubst du, was meine Eltern zu meinen Noten sagen? Da kann ich vor dem Elternsprechtag nur noch nach Australien auswandern oder alle Jobs aufgeben und nur noch pauken."

Julius ließ ihn jammern. Pit war schon 15 und hatte immer ausreichend Geld, weil er nicht nur einen, sondern gleich zwei Jobs angenommen hatte. Ein idealer Kunde für den Streberladen.

Julius beobachtete, wie Pit von Stunde zu Stunde nervöser wurde. Und als er in der zweiten großen Pause statt mit seinen Freunden auf den Schulhof zu gehen in Richtung Lehrerzimmer abbog, wusste Julius, dass er bald Kundschaft haben würde.

Julius folgte ihm unauffällig und versteckte sich hinter einer Säule gegenüber dem Lehrerzimmer. Pit klopfte.

Nach kurzer Zeit erschien Frau Bungert, bereits etwas verärgert, weil sie ihre Pause unterbrechen musste.

„Also, was ist so schrecklich wichtig, Pit? Mach's kurz. Ich hab nicht so viel Zeit."

„Ja, das ist so … mit der Buchvorstellung. Ich glaub, ich schaff das nicht … bis nächste Woche. Ich muss noch so viel anderes machen … Kann ich nicht übernächste Woche …?"

„Von mir aus musst du gar keine Buchvorstellung machen", sagte Frau Bungert ungeduldig. „Sie passt sowieso nicht richtig in den Unterricht. Du wolltest doch die zusätzliche Arbeit, damit ich deinen Eltern etwas Positives über dich sagen kann. Aber dann musst du dich auch anstrengen. Ich werfe niemandem die guten Noten hinterher. Entweder nächste Woche oder gar nicht. Du kannst es dir bis morgen überlegen." Damit ging sie zurück ins Lehrerzimmer und ließ Pit einfach stehen.

Pit ballte zornig die Faust. Wenn er vorgehabt hatte, auch noch die anderen Lehrer zu fragen, so gab er diesen Plan spätestens jetzt auf. Sie würden ihm wohl nichts anderes sagen.

Plötzlich entdeckte er Julius hinter der Säule und kam drohend auf ihn zu. „Was stehst du da und grinst so blöd?"

„Ich hab rein zufällig dein Gespräch mit Frau Bungert gehört. Ich dachte, du kannst vielleicht Hilfe gebrauchen."

Pit lachte höhnisch. „Hau ab, wie willst du mir schon helfen?"

„Ich könnte zum Beispiel dein Geschichtsreferat schreiben … oder dein Arbeitslehrereferat oder deine Buchvorstellung … oder alles zusammen. Recherche im Internet oder Bücher lesen ist für mich kein Problem. Ich habe genug Zeit, du offenbar nicht. Aber das ist nur so eine Idee. Wenn du nicht willst ..." Damit drehte Julius sich um und ließ Pit stehen.

Für einen Moment passierte gar nichts. Dann hörte Julius eilige Schritte hinter sich und Pits aufgeregte Stimme. „Hey, warte mal. Du ... du würdest meine Referate schreiben?"

„Warum nicht? Wenn du gut zahlst!"

„Ah, darum geht's. Du bist ein Abzocker! Du willst nicht helfen, du willst nur Geld!"

Julius zuckte mit den Schultern. „Ich hab etwas, das du brauchst. Und du hast etwas, das ich brauche. Ist doch ein fairer Handel. Hat man schon im Altertum gemacht. Du verdienst doch auch Geld, weil du im Eisladen hilfst. Was ich mache, ist nur 'ne andere Art von Job."

Pit nickte. Das klang irgendwie verrückt, aber logisch. Er überlegte nur kurz. „Und was kostet mich das?"

„Hängt vom Thema ab. Mal sehen: zwei Referate ... Arbeitslehre: Sozialversicherungen ... Geschichte: Lebenslauf Napoleons. Und eine Buchvorstellung. Ich denke, so 20 Euro für das ganze Paket ..."

„20 Euro? Bist du bekloppt? Das ist ja Wucher! Und ich muss das Ganze eh noch lernen, wenn ich die Referate vor der Klasse halten will."

„Der normale Schülerarbeitslohn ist fünf Euro pro Stunde und ich brauche für alles bestimmt acht bis neun Stunden", rechnete Julius ihm vor. „Das ist doch ein Sonderangebot."